Horst Seyfarth

Hoppegarten

Horst Seyfarth

Hoppegarten

Deutschlands
schönste
Galopprennbahn

VERLAG NEUES LEBEN

Mit einem Vorwort von Egon Czaplewski, sechzehnfacher
Championjockei mit 1398 Rennsiegen
und fast 800 Trainersiegen

ISBN 3-355-01378-1

© Verlag Neues Leben GmbH, Berlin 1993
Einbandgestaltung: Wolfgang Geisler
Lichtsatzherstellung: Nationales Druckhaus GmbH, Berlin
Lithographie: SWS Repro GmbH, Wiesbaden
Druck und buchbinderische Weiterverarbeitung:
Chemnitzer Verlag und Druck GmbH, Werk Zwickau

INHALT

Vorwort

Ich bin auf vielen Rennbahnen der Welt geritten. Für mich bleibt Hoppegarten die ideale Turfstätte. Ich fühle mich bestätigt, wenn ausländische Jockeis und Trainer davon schwärmen, egal ob sie aus Osteuropa kommen wie einst Nikolai Nassibow oder aus dem Westen wie jetzt Lester Piggott aus England.

Seit meiner Kindheit bin ich mit Rennpferden sehr eng verbunden. Als gebürtiger Berliner wuchs ich in Karlshorst auf dem Hof des Trainers Friedrich-Wilhelm Michaels auf. Schon als Kind durfte ich für den Altmeister reiten und lernte die ganze Welt des Turfs lieben. Nach der Schulzeit ging ich in die Berufsreiter-Lehre und damit nach Hoppegarten. Dieser Ort und der Rennsport wurden mein Leben.

Es gibt jetzt höchst erfreuliche Ansätze, Hoppegarten wieder zu dem zu machen, was es früher einmal war, nämlich zu einer europäischen Großbahn. Man kann nur hoffen, daß dies trotz aller Probleme auf die Dauer von Erfolg gekrönt sein wird. Ich verbinde damit die Hoffnung, daß Hoppegarten nicht nur das Turf-Mekka der deutschen Hauptstadt, sondern zugleich der Mittelpunkt aller aufblühenden Rennbahnen der neuen Bundesländer wird.

Dieses Buch kann einen Beitrag dazu leisten. Es ist gut, daß ein Autor, der ebenso mit Hoppegarten verbunden ist, die Geschichte dieser 125jährigen Rennbahn und das ganze Drumherum des Turfsports einem breiten Leserkreis zugänglich macht.

Egon Czaplewski

Rennbahn-Flair

Na, wo bleiben sie denn, na, wo laufen sie denn –
ach, ist der Rasen schön grün.

Wer kennt sie nicht, diese klassischen Komiker-
Worte. Es ist Hoppegarten gemeint.

Hoppegarten. Ein herrliches Fleckchen Erde,
keine 25 Kilometer entfernt vom tosenden Lärm
Berlins. Die Galopprennbahn, ein Stück von Men-
schenhand geschaffener Harmonie in der Natur. Ein
Pferdeparadies, das seit 125 Jahren die Fans des edlen Vollblutsports fasziniert.

Der 14. Juli 1991 war ein strahlender Tag auf der
Galopprennbahn in Hoppegarten. Klassepferde aus
Großbritannien und Frankreich, zwei führenden Ländern des Vollblutsports, waren angesagt, dazu Kon-
kurrenten aus Schweden und Polen. Deutschlands
Rennställe hatten das Beste geschickt, was die Zucht
derzeit für die 1600-Meter-Strecke hergab.

Die Prominenz auf den Tribünen stand der auf
dem Rasen nicht nach. Bundespräsident Richard
von Weizsäcker und Bundestagspräsidentin Rita
Süßmuth hatten sich locker unter das dreißigtau-
sendköpfige Publikum gemischt. Zum ersten Mal
seit mehr als einem halben Jahrhundert geriet ein
Renntag auf Deutschlands schönster Galopprennbahn wieder zu einem Großereignis des europäischen Turfs. Dazwischen hatten der Krieg und Jahrzehnte der Trennung gelegen.

Die Medien hatten das Ihre getan, die Stimmung anzuheizen. Doch plötzlich: Stille. Kaum noch ein Räuspern kommt von den Tribünen, wo die Turf-Fans dem Start entgegenfiebern. Die Sekunden des Hineindirigierens der Pferde auf der den Tribünen gegenüberliegenden Geraden werden zur Ewigkeit. Endlich das erlösende „Ab". Sieben Teilnehmer rasen in einer Linie los. Auf den ersten fünfzig Metern erscheint ihr Antritt schneller als der Start eines Mittelklassewagens. Nur die Stute Frille, ausgerechnet einziger Teilnehmer aus Hoppegarten, klappt nach. Sie ist bei dem vorgelegten Tempo – es wird eine Bahnrekordzeit geben – sofort chancenlos. Pech, aber auch so etwas gehört zum Turfsport.

Auf einen Tempomacher braucht diesmal niemand zu warten. Diese Funktion übernimmt der Favorit selbst: Flying Brave (zu deutsch: Fliegender Tapferer). Der Engländer ist schon großer Sieger in England und Köln gewesen, kampferprobt selbst in Mailand.

Der britische Starjockei John Reid macht mit Flying Brave sogleich ein Fäßchen auf. Auf den Tribünen bleibt selbst erfahrenen Turffreunden die Luft weg. Entsetzt erkennen die Fans, daß die Reiter der deutschen Asse Bin Shaddad, Zille und Irish Stew schon nach reichlich halbem Wege zur Peitsche greifen müssen, um Anschluß zu halten. Nur der Franzose Gerald Mosse auf Eternity's Breath (was soviel wie „Ewiger Atem" heißt) kann noch mithalten. Dann erst formiert sich das Klassefeld zum grandiosen Endkampf.

Mit ein, zwei Längen Vorsprung jagt Flying Brave den Hoppegartener Berg hinauf – eigentlich nur eine kleine Steigung. Aber die hat bei Rennen auf Biegen und Brechen schon unzähligen Turfgrößen den Schneid für die letzten 200 Meter abgekauft.

Flying Brave hält sein Tempo durch, doch der Vorsprung schmilzt. Der deutsche Hengst Irish Stew greift vehement an: Er trägt die rot-blauen Rennfarben des berühmten rheinischen Gestüts Schlenderhan, das in Hoppegarten bis 1944 Turfgeschichte geschrieben hat wie keine zweite Zuchtstätte edlen Vollbluts. Peter Schiergen läßt die Peitsche wirbeln, legt seinen Oberkörper bis fast über die Ohren seines Pferdes und erleichtert ihm so ein phantastisches Finish.

Eternity's Breath beschleunigt im gleichen Moment gewaltig. Auf den Tribünen ist längst alles aufgesprungen, schreit, jubelt, feuert an oder ist einfach sprachlos vor Dramatik. Drei Klassejockeis geben hinter Peter Schiergen ihr Bestes. Doch der englische Hengst Flying Brave ist ein echter vierbeiniger Held. Mit einem langen Galoppsprung wirft er sich vorwärts. Er läuft zum ersten Male auf dieser Bahn, und was in diesem Augenblick geschieht, ist das berühmte Zusammenwachsen von Pferd und Reiter, wenn der Jockei mit ganz spezieller Geste mitteilt: Nun geht's ums Ganze.

Mit Halsvorsprung – das ist vielleicht ein halber Meter – gewinnt der Engländer gegen den großartig kämpfenden Irish Stew und den nahezu gleichrangigen Franzosen. Dichtauf folgt Zille. Die anderen sind klar distanziert.

Was für ein Beifall nach dieser Leistung und Dramatik. Ein phantastisches Rennen ist zu Ende. Flying Brave hat in 1:35,8 Minuten neuen Bahnrekord über 1600 Meter aufgestellt. Die ganze Rennbahn dröhnt. Richard von Weizsäcker, Rita Süßmuth, die Ministerin Angela Merkel und viele der 30 000 Besucher sind sich sicher – wir kommen wieder! Ja, so aufregend können Galopprennen ablaufen.

John Reid und Gerald Mosse, die Jockeis aus

Großbritannien und Frankreich schwärmen von dieser Turfarena. Auch sie wollen wiederkommen, sie schon erst recht. Fernando Diaz, der Reiter des schwedischen Pferdes Venherm, nicht minder.

Die ganze große Internationalität hat Hoppegarten endlich wieder eingeholt. Sie war 53 Jahre zuvor, im Sommer 1938, mit dem Sieg des europäischen Spitzenpferdes Antonym beim Großen Preis der Reichshauptstadt über 2400 Meter erloschen, ohne daß damals irgendjemand aus dem großen Heer der Turffreunde das ahnte. Zwölf Monate später begann der zweite Weltkrieg. Pferde brauchte man fortan nur noch auf dem Acker und an der Front.

12. Juli 1992. Wieder ist ein Jahr vergangen. Das Rennen hat einen anderen Sponsor gefunden, heißt nun Berlin-Brandenburg Trophy der Landesbank Berlin. Auf 400 000 Deutsche Mark sind die Gewinnprämien erhöht worden. 100 000 Reichsmark gab es zu Zeiten von Antonym zu gewinnen. 220 000 DM winken heute allein schon dem Sieger. Da kommen natürlich die Großen des Turfsports, denn in aller Welt sind der Unterhalt von Rennpferden und ihre Züchtung teuer.

John Reid hat Wort gehalten und ist wieder zur Stelle – mit wem? Natürlich mit Flying Brave. Der bringt zwar anders als im Vorjahr keine sonderlich frische Form mit. Aber der Revanchekampf gegen Irish Stew kann über Hoppegartens grünen Rasen gehen.

Favorisiert sind diesmal allerdings ganz andere. Der größte und derzeit erfolgreichste Rennstall der Welt, der des Scheichs Mohammed al Maktoum aus dem arabischen Ölstaat Dubai, hat eines seiner Klassepferde nach Hoppegarten beordert. Es ist der in Frankreich stationierte Hengst Audio.

11

Für den Stall des Ölscheichs reitet Steve Cauthen, der Wunderjockei aus den USA mit mehr als 3500 Siegen auf dem Konto. Schon als siebzehnjähriger Jockei wurde er – trotz der Millionen Fans des Baseball, American Football und der hervorragenden Leichtathleten und Boxer – in den Staaten zum Sportler des Jahres 1977 gewählt. Die Fachleute haben nachgeblättert. Steve hatte Woche für Woche auf den Bahnen Europas ein großes Rennen nach dem anderen gewonnen. Nur wenn der Scheich zu 90 Prozent des Sieges sicher ist, schickt er Pferde, raunen die Gerüchte auf der Bahn.

Doch da ist diesmal Enharmonic, das derzeit mit Abstand beste Rennpferd der Queen, Sieger längst auch auf deutschen Rennbahnen. Im königlichen Sattel reitet Willie Ryan, einer der ganz großen Jokkeis Europas. Selbst einen deutschen Dreijährigen, Königslöwe aus Krefeld, hält man noch für chancenreicher als Flying Brave und Irish Stew.

Das ist die schöne, glorreiche Ungewißheit des Turfs, das ewige Wechselspiel zwischen vorsehbaren Rennabläufen und einer Vielfalt von Einflüssen, die immer wieder für Überraschungen sorgen. Das eine wie das andere passiert praktisch jeden Renntag auf jedem Turfplatz der Welt. Der Hoppegartener Klassejockei Tiny Huguenin, ein Original der zwanziger und dreißiger Jahre, hat es mit Berliner Mutterwitz so formuliert: „Im Pferderennen und in der Leberwurst ist alles drin."

Doch zurück zum Rennen: Irish Stew wird von Hans Albert Blume in Neuss trainiert. Der gebürtige Hoppegartener hat den Sinn für den Pferderennsport sozusagen mit der Muttermilch eingesogen. Der Vater war erfolgreicher Jockei und Trainer, die Mutter bekannte Amateurreiterin, Großvater Albert Schlaefke galt als einer der berühmtesten Jockeis und Trainer des alten Hoppegarten. Hans Albert Blume, dieser waschechte Horseman, wie die Engländer sagen würden, spürte was passieren wird: Form hin, Form her, Flying Brave wird wieder vorne gehen und Tempo machen. Irish Stew muß mitgehen, dann hat er eine Chance. Diese Order gab er dem jungen Andrasch Starke aus Düsseldorf mit auf den Weg. Der ist erst siebzehn, wie einst Cauthen, und noch Lehrling, gilt aber als Talent und darf deshalb schon in einem solchen großen Rennen mitstreiten.

Wieder liegt über Hoppegarten die fiebrige Spannung von diesmal 31 000 erwartungsfrohen Zuschauern. Wieder strapaziert die endlos scheinende Prozedur des Hineinschiebens der Pferde in die Startboxen die Nerven. Eins von ihnen keilt gewaltig aus, kann den Start kaum erwarten. Wie Supersprinter sind die Rennpferde auf ihre Aufgabe fixiert.

Dann geht's los, doch anders als vor zwölf Monaten. Die Reiter der großen Favoriten treten gleich auf die Bremsen, wie man so sagt, und verhalten ihre Pferde in ruhigem Galopp. Flying Brave gelangt automatisch an die Spitze, obwohl es John Reid diesmal nicht so eilig hat. Irish Stew legt sich dahinter. Nach 300 Metern läßt Reid den Vorjahressieger abflitzen, Irish Stew hinterher. Doch Cauthen und Ryan machen es sich noch immer gemütlich im Rennsattel. Sie rechnen damit, daß die beiden vorn ihre Reserven verschleißen und auf der Zielgeraden zurückfallen werden. Favoriten, die hinterhertrödeln – Tausende Male ist sowas auf den Rennbahnen schon geschehen. Jedes Rennen hat aber eine eigene Note.

Flying Brave und Irish Stew werden immer schneller. Königslöwe versucht mühsam, den weit abgehängten Rest heranzuschleppen. Doch die Starjockeis sitzen noch immer still, während vorn schon der Entscheidungskampf beginnt. Mit allen Kräften schiebt John Reid den Vorjahressieger an, läßt die Peitsche wirbeln. Der Lehrling Andrasch Starke wartet mit dem Angriff immer noch ein bißchen und setzt mit seinem unterwegs geschonten Pferd erst in der Zielgeraden alles auf eine Karte – reiten, reiten, was die Steigbügel und Zügel halten.

Ein ungeheurer Jubel auf den Tribünen bricht los. Die Einunddreißigtausend ahnen es, sehen es: Der deutsche Hengst galoppiert besser als Flying Brave, spurtet großartig, überrennt ihn! Die Reiter von Enharmonic und Audio können ihren Pferden auf den letzten 200 Metern keine Flügel mehr verleihen. Ein kurzer Ansatz von Königslöwe verpufft. Es ist zu spät. Die großen Jockeis, die Meister des Gefühls für Pferde und Tempo haben heute versagt. Der Lehrling Andrasch Starke hat ihnen eine Lektion erteilt. Die Rechnung des Trainers Hans Albert Blume ist aufgegangen. Irish Stew hat gewonnen und am Vorjahressieger Revanche genommen.

Der Begeisterungssturm ist kaum zu beschreiben. Ein kleines Turfwunder ist geschehen. Der Rennbahnsprecher hat sich vor Begeisterung am Mikrofon fast überschlagen.

So feierten die Berliner einst 1928 und 1929 den berühmten Schlenderhaner Oleander oder 1935 Sturmvogel aus dem gleichen Rennstall, als er Europas Spitzenpferd Admiral Drake beim Großen Preis der Reichshauptstadt (2400 Meter) abfertigte, oder 1940 die Wunderstute Schwarzgold, ebenfalls Schlenderhanerin, das beste Rennpferd, das je über den Hoppegartener Rasen lief.

Es muß nicht unbedingt ein hochdramatisches Finish sein, das solche Ovationen herausfordert. Das

Publikum der Rennbahnen hat ein sicheres Gefühl für ganz große Leistungen. Schwarzgold gewann in Hoppegarten wiederholt mit riesigem Vorsprung. An jenem Tag nahm die Pferdedame den gewiß erstklassigen Gegnern 15, 20 und mehr Pferdelängen Vorsprung ab. Sie wurde von ihrem Jockei Gerhard Streit überhaupt nicht gefordert, sondern sogar auf den letzten 200 Metern noch verhalten, wie die Turffans dazu sagen.

Wenige Beispiele aus großer Hoppegartener Historie und doch zeigen sie die **Faszination der Galopprennen.** Was steckt dahinter? Alle sportlichen Wettkämpfe sind irgendwie fesselnd und schön, seien es die Läufe der Leichtathleten, die Radrennen, das herrliche Springreiten mit edlen Pferden oder anderes. Bei Galopprennen geschieht indessen mehr. Eine Fülle von Vorgängen mit Einflußfaktoren ballt sich zusammen und entlädt sich dramatisch in weniger als drei Minuten auf gepflegtem grünem Rasen inmitten von Parklandschaften. Beides ist eine Augenweide für die geplagten Städter unserer Zeit, in der gewaltigen Publikumskulisse, vergleichbar mit großen Fußballstadien oder Tennismetropolen, umgeben vom einmaligen Flair und Drumherum des Turfsports.

Den Sport selbst vollziehen im wesentlichen die Pferde mit ihren Schwächen und Stärken, als Teil einer kleinen Herde und doch ganz individuell, in rasendem Tempo blitzschnell reagierend. Obwohl Geschöpf des Menschen, unterliegen sie dem Herdentrieb, haben die Fluchtreflexe ihrer Urahnen bewahrt. Allein daraus entspringt oft zusätzliche Dramatik. Hinzu gesellen sich andere Einflußfaktoren, Zwischenfälle, Behinderungen, Mißverständnisse. Die **Rennpferde der Rasse Englisches Vollblut** sind durch ihre Eleganz und den formvollendeten Körperbau wunderschön. Unübertroffen ist ihre Anmut, wenn sie mit weiten Galoppsprüngen über den grünen Rasen jagen, beinahe schweben. Wer erinnert sich nicht an berühmte Western-Filme mit den Mustangherden, an wilde Verfolgungsjagden, an Zeitlupenaufnahmen der nachgestellten Schlacht von Waterloo – Rod Steiger in der Rolle des Napoleon – oder an das Melodram um den australischen Wunderhengst Pharlapp. Der Turffreund kann solche herrlichen Pferdebilder an jedem Renntag in aller Welt nachvollziehen. Durch das Fernglas, unentbehrliches Hilfsmittel für ihn, kann er die ganze Anmut im Detail genau verfolgen.

Vollblutpferde erreichen enorme Geschwindigkeiten bis zu 60 Stundenkilometern. Ausgestattet mit jahrtausendealter Vererbung von ihren Vorfahren, gefördert durch spezielle Hochleistungszucht für Rennzwecke seit dem 16. und 17. Jahrhundert, ausgebildet von erfahrenen Trainern und hingebungsvoll arbeitenden Pferdepflegern und geritten von Jockeis, die Künstler ihres Fachs sind, entfalten sie ihren ganzen Bewegungsdrang und Kampfgeist, der in vieler Hinsicht so völlig von Tierdressuren abweicht.

Doch die hochspezialisierten Renner sind keine Maschinen, sie bringen ihre eigene Psyche mit, haben ihre Erfahrungen, ihre guten und schlechten Tage. Urplötzlich verändert sich manchmal das gesamte Kräfteverhältnis. Die Form steht dann kopf, sagen die Fachleute. Was man sich vorher so schön ausgemalt hatte, wie es ablaufen würde, entwickelt sich plötzlich ganz anders. Die glorreiche Ungewißheit des Turfs – ein geflügeltes Wort – feiert manchmal ihre Triumphe. Und weil es bei Pferderennen immer auch um viel Geld geht – für die Besitzer, für die Trainer, für die Reiter und für die Freunde des Wettens am Toto – bringt diese Ungewißheit viele herbe Überraschungen. Auch diese möchte niemand missen. Sie sind untrennbarer Bestandteil der Faszination Turfsport.

Ein ganz normaler Renntag, der 28. Juni 1992. Neun elegante Renner erscheinen an der Startmaschine. Es sind Zweijährige, Vertreter des jüngsten Jahrgangs auf der Bahn, also noch unerfahren. Der Hengst Mashuk tritt als klarer Favorit an, denn er hat den anderen schon ein Rennen mit guter Placierung voraus. Tatsächlich übernimmt er gleich die Führung und bewahrt sie souverän über zwei Drittel des Weges. Seine Anhänger auf den Tribünen können fast schon jubeln. Wer kann einen Sieg noch verhindern?

Doch plötzlich schlägt Mashuk einen Riesenhaken, rennt aus der vorteilhaften Innenspur bis zur äußeren Bahnbegrenzung weg. Die drei hinter ihm galoppierenden Pferde prompt hinterher!

Schon sind die Chancen nach allen Erfahrungen dahin. Der Hengst Gag – er heißt wirklich so – gelangt unverdient an die Spitze. Er ist an der Bahninnenseite durchgeschlüpft und scheint mühelos zu gewinnen.

Doch plötzlich rutscht der Sattel. Sein Reiter versucht krampfhaft, oben zu bleiben und den Sieg zu retten. Dann stürzt er zu Boden und schwebt in Riesengefahr, vom nachfolgenden Pferd überrannt, gar zertrampelt zu werden. Aber mit fast unglaublicher Beweglichkeit überspringt die Stute Auenfreude den Mann am Boden.

Und schon ist die nächste Überraschung fällig. Der Schreck verleiht der Stute Miss Bo an Auenfreudes Seite buchstäblich Flügel. Sie wird noch

17

schneller und gewinnt. 20 Meter daneben kommt Mashuk nochmals auf und placiert sich als Zweiter. Seine erfahrene Reiterin hat das aus dem Schwung gekommene Pferd zusammengerissen und auf dem kurzen Stück bis ins Ziel wieder flott gemacht. Der reiterlose Gag aber rennt mit im ausgaloppierenden Teilnehmerfeld und läßt sich mühelos einfangen.

Den Zuschauern hat es für ein Weilchen die Sprache verschlagen. Das Ganze war eine Kostprobe von Zwischenfällen, Schreck, Fluchtreflexen, Herdentrieb und reiterlichem Können, vor allem aber ein Stück Faszination.

Die andere Komponente wird vom Menschen eingebracht. Was nützt das schönste Klassepferd, wenn der Reiter keine Kondition hat und schlapp macht, an einem schlechten Tag nur eine schwache Minute hat! Auch das Training durch den Menschen, die ganze Vorbereitung sind eine diffizile Sache. Schon die Art, wie ein Pferdepfleger das Tier vom Stall zur Rennbahn führt, es vielleicht liebkost, ein paar zärtliche Worte zu ihm spricht und Aufregungen verhindert, kann später rennentscheidend sein.

In der letzten Phase hängt dann alles menschliche Zutun am Jockei. Er bestimmt die Taktik des Rennens, den Zeitpunkt und Umstand von Vorstößen und Manövern, sichert die Position und treibt das Pferd beim Finish zur Hergabe aller Reserven an. Seine Kraft, seine Kondition und sein Kampfgeist sind in höchstem Maße gefordert. Sein Einfühlungsvermögen für das Pferd, seine Beobachtungsgabe für die Gegner und für die Rennvorgänge setzen sehr viel Talent voraus. Manche lernen es nie.

Starjockeis aber entwickeln so etwas wie einen sechsten Sinn. Der Brite Lester Piggott zum Beispiel, vom Jockeileben tausendfach gebeutelt, eine lebende Legende, immer zerknittert wirkend, ist so einer, der manchmal aus dem Nichts heraus zaubert und Riesenchancen in Bruchteilen von Sekunden herausarbeitet.

Rennreiter dürfen nur geringe Körpergewichte auf die Waage bringen. Den Pferden wird keine menschliche Schwerlast mehr aufgebürdet wie zur Jahrhundertwende noch üblich. Jedes Kilogramm Mehrgewicht des Jockeis bremst die Geschwindigkeit des Pferdes und kostet auf der Normstrecke von 1600 Metern eine Pferdelänge Vorsprung. Das bedeutet für die Männer in den Sätteln, eisern Gewicht zu halten, wenig zu essen und zu trinken, Übergewicht abzurennen und abzuschwitzen. Aber wird ein hungriger, durstiger, ausgemergelter Reiter einem harten, mörderischen Finish immer gerecht werden können?

Und noch eine Komponente ist im Spiel, die unwägbare Einflüsse nehmen kann: das Geld. Besitzern wie Trainern, Jockeis und Stallpersonal winken Gewinnprämien, die bei Mammutprüfungen sehr hoch sein können. Ihre Dispositionen, Strategien, Taktiken und kleinen Kniffe sind immer von finanziellen Erwägungen mitgeformt.

Geld ist Lebenselixier für den Turf. Der Unterhalt der Rennpferde, das Engagement der Trainer und Jockeis, das Personal, die Abgaben sind teuer und werden entscheidend durch die Gewinnprämien der Rennen gedeckt.

Galopprennen sind der älteste Profisport der Welt. Und mittendrin in diesem Wirbel das Publikum. Wie wohl bei keiner anderen Sportart gehen die Leute hinter der Bande jedes Rennen mit. Der Turffreund fiebert oft nicht weniger als Roß und Reiter. Er schließt Wetten auf Sieg und Placierungen und Zielankünfte. So werden das auf der Bahn seine Pferde, seine Jockeis, seine Kämpfe. Das setzt dem Pferderennsport die Krone auf.

Am **Totalisator** erhält die glorreiche Ungewißheit des Turfs zusätzliche Nahrung durch die Möglichkeit zu knobeln, zu kombinieren, zu spekulieren. Das Wetten ist kein reines Glücksspiel. Vielmehr kann der Turffreund, der Wetter, seinem Glück durch Fachwissen, Erfahrungen und einen Schuß Gefühl für Pferde, Reiter und Situationen gehörig nachhelfen. Der Anteil des Fachwissens bei der Trefferquote wird von Experten auf weit mehr als 50 Prozent eingeschätzt. Das gibt es bei keiner anderen Wettart oder Lotterie. Den Ausgang der Wette unmittelbar als Zuschauer mitzuerleben, verschafft einen tollen Nervenkitzel.

Die Glanzzeiten von Hoppegarten

Streng genommen beginnt die Geschichte der Rennbahn Hoppegarten im Jahre 1850. Damals kaufte der Adlige Heinrich von Treskow das Landgut Dahlwitz. Mit Pferden hatte das Dorf damals reichlich zu tun, beherbergte es doch eine große Poststation für den Pferdewechsel an der Heerstraße nach Ostpreußen, der heutigen Bundesstraße 1. Die Revolution von 1848 war gescheitert und hatte doch das Selbstbewußtsein des Bürgertums gestärkt. Die Schaffung eines einheitlichen Staates stand auf der Tagesordnung. Man brauchte bessere Verkehrsverbindungen.

In England war der Turf schon seit 300 Jahren so etwas wie die Volksbelustigung Nr. 1. In Deutschland hatte er seit 1822 im mecklenburgischen Bad Doberan Fuß gefaßt. Im stocksteifen Preußen schaltete man langsamer. Erst am 17. Juni 1829 fanden die ersten Pferderennen in Lichterfelde bei Berlin statt. Ein Jahr später wurden sie auf den großen kaiserlichen Exerzierplatz Tempelhof verlegt. Die Widerstände konservativer Kräfte waren noch allgegenwärtig, obwohl die neue Attraktion dem König und dem Kronprinzen gefielen. Dieser versah zeitweilig sogar das Amt des Zielrichters, was wiederum ganz erstaunlich war.

Seit 1834 gab es das Union-Rennen – Vorbild der späteren klassischen Rennen in Deutschland. Ein anderes wichtiges Ereignis der Vorgeschichte war die Entstehung des Berliner Vereins für Pferdezucht und Pferdedressur, später für Pferderennen. Von ihm gingen die wichtigsten Impulse aus, die 1846 zum ersten preußischen Renn- und Wettreglement führten. Währenddessen wurden überall in Deutschland die Rennbahnen angelegt. Die Herrenreiterei erlebte ihre erste Glanzzeit.

Ein eigenes Rennpferd zu besitzen, damit Rennen zu bestreiten und vor den Augen der königlichen Familie, der Generale und der Damenwelt zu posieren, galt im Offizierskorps und dem Junkertum Preußens jener Zeit als eine der höchsten Kulthandlungen. Ohnehin spielte die Kavallerie im Militärwesen damals noch eine große Rolle.

Wachstumsimpulse erhielt die von den Brüdern von Biel begründete deutsche Vollblutzucht durch bedeutende Siege im Mutterland des Turfs. So gewann des Grafen Hahn-Basedows Hengst Turnus 1850 in Goodwood ein größeres Rennen, der Hengst Scherz des Grafen Wilamowitz-Möllendorf gar vier Jahre später das hochkarätige Cambridgeshire Handicap. Damit war der Bann gebrochen. Der preußische Staat akzeptierte die Vollblutzucht. Im Jahre 1866 wurden alle Vollblutstuten aus Graditz, Trakehnen und Neustadt/Dosse beim Hauptgestüt Graditz konzentriert.

Auf der politischen Ebene reiften durch die Kriege von 1864 und 1866 und dem 1866 formierten Norddeutschen Bund die Bedingungen für die deutsche Einheit von oben heran. Im Galopprennsport wurstelten jedoch die etwa 50 Rennbahnen für sich allein. „Es fehlte dem Rennsport die staatlich anerkannte Zentralstelle, die einerseits die vielen widerstrebenden Interessen vereinigte, andererseits für die gemeinsame Weiterarbeit Ziel und Richtung wies", schreibt Rittmeister Franz Chales de Beaulieu, der langjährige Generalsekretär des Union-Klubs, in seinem 1941 erschienenen Buch „Der klassische Sport". Niemand hatte die Geschichte Hoppegartens bis dahin so exakt beschrieben wie dieser Fachmann des Turfs.

1866 suchte der Berliner Verein für Pferderennen ein geeignetes Gelände zur Anlage einer großen Rennbahn. Tempelhof genügt weder technisch noch repräsentativ den gestiegenen Ansprüchen. Die Hauptstadt platzte mit fast einer Dreiviertelmillion Einwohnern aus allen Nähten. Die Wahl fiel auf das Vorwerk Hoppegarten, welches von Treskow 1866 dem in Hoppegarten bestehenden Union-Gestüt als Rennbahngelände verpachtete.

Die Zeit drängte. 1867 riefen der Journalist Fedor Andre im Fachblatt „Sporn" und der den Vollblutpferden ergebene Präsident des Breslauer Rennvereins, Graf Johann von Renard, alle Großgrundbesitzer, Militärs und Großbürgerlichen zum Handeln auf, die dem Turf progressiv gegenüberstanden.

Gleichzeitig nahm die geplante Rennbahn Hoppegarten, 25 Kilometer vom Zentrum Berlins entfernt, konkrete Formen an. Der Berliner Baumeister Carl Bohm hatte sich eigens die Anlagen von Longchamp und Chantilly angesehen und wählte sie zum Vorbild. Bereits am 9. Oktober 1867 wurde ein Proberenntag durchgeführt. Der Bau von Holztribünen in kurzer Zeit war kein Problem.

Der preußische Staat versagte fast jede Hilfe, wie Chales de Beaulieu ausführlich beklagt. Eigentlich war es logisch, denn die beiden Kriege, die Umrüstung und der Bau der Eisenbahnen verschlangen Unsummen. Die sozialen Probleme stauten sich gewaltig an. Die 1867 fertiggestellte Ostbahn wurde indessen eine der wichtigsten Voraussetzungen für die

Wahl des Rennplatzes, für seine Premiere und die rasche Entwicklung zum Massenbesuch.

Am 15. Dezember 1867 fand die **Gründungsversammlung des Union-Klubs** im Berliner Hotel de Rome statt. Neben Graf Renard, Heinrich von Treskow, Fedor Andre, kamen der preußische Oberlandstallmeister von Maltzahn, zugleich Hausherr in Graditz, der Fürst zu Hohenlohe-Oehringen, der Herzog Viktor von Ratibor und die Elite der deutschen Pferdezüchter zusammen, insgesamt 36 Persönlichkeiten aus fast ganz Deutschland. Nur die Bayern brieten ihre Extrawurst.

Der Fürst wurde Präsident des Klubs. Die Mitgliederliste wies schon im ersten Jahr die Zahl von 156 Honoratioren auf, obwohl man nur dem Turf voll ergebene Leute aufnahm. Diesem Prinzip blieb der Union-Klub bis heute treu.

In geschickten Verhandlungen setzte sich der Union-Klub gegen die regionalen Interessen durch und integrierte nach und nach auch die einflußreichsten Mitglieder des Berliner Rennvereins. Zug um Zug bildete der Klub die Funktionen einer Zentralstelle des deutschen Turfs und der deutschen Vollblutzucht aus. Renn- und Zuchtreglement wurden von ihm entwickelt. Hoppegarten nahm er voll in seine Regie, später sogar in Personalunion des Generalsekretariats. Der Union-Klub und Hoppegarten waren bis 1945 eins.

Im Frühjahr 1868 liefen die Vorbereitungen zur Hoppegartener Premiere auf Hochtouren. Unter der Leitung von Carl Bohm mußten gewaltige Erdarbeiten mit Mann, Pferd und Wagen durchgeführt werden. Auf dem märkischen Sand war eine konsistente Humusschicht aufzutragen. Das Geläuf erhielt eine mustergültige Dränage. Schon damals wurde eine 1200-Meter-Gerade angelegt, eine der Kostbarkeiten der Bahn. Später hat man sie um 200 Meter verlängert.

Die finanziellen Mittel stammten ausschließlich aus privaten Aufwendungen der Klub-Mitglieder und Anteilscheinen des beteiligten Union-Gestütes und des Berliner Rennvereins.

Ein ziemlich verwilderter Fußweg zum gerade fertiggestellten Bahnhof Hoppegarten und die unbefestigte Landstraße zum Dorf Dahlwitz waren damals die einzigen Zugänge für das Publikum. Die beiden Sonderzüge vom Potsdamer Bahnhof, mit denen die Berliner anreisten, hatten eine anderthalbstündige Verspätung. Für König Wilhelm I. stand ein wunderschöner Trakehner-Vierspänner bereit. Doch was nützte das prächtige Gefährt, wenn der sandige Holperweg seine Majestät und seine Begleitung gewaltig durcheinander schüttelte. Die damalige Presse berichtete, daß sich der Monarch über den Straßenzustand mokierte. Gefallen hat es ihm trotzdem auf dem Rennplatz. Er kam immer wieder. Dem Fürsten und damaligem Bundeskanzler Otto von Bismarck sagte eine Zeitung nach, daß er die Sache von der heiteren Seite genommen habe. Kanzler sitzen ja öfter etwas aus. Die Damen der Gesellschaft mußten größtenteils zu Fuß zur Rennbahn schreiten. Wegen ihrer weiten Röcke werden sie ganz andere Sprüche losgelassen haben.

Am 17. Mai 1868, gegen 16 Uhr, wurde das erste Rennen gestartet. Es war eines der vier Hindernisrennen. Leutnant von Bülow gewann mit dem Pferd Missunde. Hoppegartens Flachrennen begannen erst am 14. Juni. Drei Tage später gab es dann ganz großen Sport: Das Sprinterrennen Goldene Peitsche, das Steherrennen Silbernes Pferd, das Union-Rennen (damals 2400 Meter) und der Staatspreis II. Klasse wurden gelaufen. Die Siegpreise betrugen 500 bis 1500 Taler. Es siegten zwei englische Jockeis, die deutschen Herrenreiter hatten keine Chance. Die Goldene Peitsche gewann der Graditzer Hengst Johann mit E. Fisk im Sattel, das Union-Rennen sah den Hengst Gorgo mit Willie Long als ersten im Ziel. Interessant ist, daß die Hoppegartener Renntage in Form eines Frühjahrsmeetings bis zum 21. Juni und dann erst wieder im September/Oktober bei einem Herbstmeeting abgehalten wurden.

Unter starker Einflußnahme des Union-Klubs kam 1868 das neue preußische Renn- und Wettreglement zustande, zunächst nur für Flachrennen, 1870 auch für Hindernisrennen. Später galt es in ganz Deutschland. 1872 wurde in Hoppegarten der Totalisator (Toto) eingeführt. Dank der einbehaltenen Abzüge war er bald das wichtigste Finanzierungsmittel für die Rennen. 1874 folgte der nächste Schritt: Der Union-Klub kaufte das Hoppegartener Gelände.

Die **Gründerjahre** bescherten Hoppegarten einen unerhörten Aufschwung. Seit 1868 wurde das klassische Stutenrennen Preis der Diana (2000 Meter) gelaufen. 1871 kam das klassische Henckel-Rennen (1600 Meter) hinzu, das den 2000 Guineas Stakes von Newmarket entspricht. Zum ganz großen Schlager wurden die von Tempelhof übernommenen Prüfungen Union-Rennen und Großer Preis von Berlin (2400 Meter).

Unterdessen meldete sich Konkurrenz an. Das stürmische Wachstum Berlins und die Abgelegenheit Hoppegartens förderten Ideen einer weiteren Rennbahn. In Lankwitz bildete sich zu diesem Zweck eine Aktiengesellschaft. Sie ließ bis 1880 ein 2500-Meter-Oval ausmessen und eine mächtige Tribüne in Eisenkonstruktion anlegen. Wegen der

Wirtschaftskrise und weil verstrickt in Wettskandale machte die Gesellschaft aber schon nach einjährigem Bestehen der Bahn Pleite. Die Betrügereien führten 1882 zum Verbot des Totalisators in ganz Preußen, zumal es auch auf anderen Turfplätzen zu allerlei Unredlichkeiten gekommen war.

Die Sperre machte die Finanzierung der Hoppegartener Rennen zu einem existenziellen Problem. 1886 wurde sie aufgehoben. Danach erholten sich Hoppegarten und die 1884 entstandene Hindernisrennbahn in Charlottenburg sehr rasch. Berlin blühte weiter auf. Der Union-Klub wurde endlich in die Lage versetzt, die längst geplanten massiven Tribünen zu bauen. 1888 waren sie fertig. Mit ihren gewölbten, ausladenden Dächern stellten sie imposante Gebäude dar.

Mit dem Berliner Hindernisverein kooperierte der Union-Klub von Anfang an, auch als dieser Charlottenburg aufgeben mußte und in Karlshorst sein neues Domizil fand. Dort entwickelte sich bis 1945 eine Metropole des Hindernissports. Für Hoppegarten brachte die Bahn eine praktische Ergänzung, weil die dort startenden Pferde zum großen Teil in Hoppegarten trainiert wurden.

Kritische Zeiten kamen in den neunziger Jahren. Zum Ersten erließ der frömmelnde Kaiser Wilhelm II. 1891 ein Verbot für Sonntagsrennen. Der Sonnabend aber brachte in Hoppegarten nur selten ein gutes Geschäft. Zum Zweiten spitzten sich die Auseinandersetzungen um den Totalisatorbetrieb zu. Zum Dritten steckte die Vollblutzucht nach massenhaftem Einsatz nicht genügend qualifizierter ausländischer Zuchthengste in der Klemme. Man hatte das Prinzip verletzt, Bestes mit Bestem zu paaren, womit die englische Zucht ihren Siegeszug angetreten hatte. Und außerdem hatte der Union-Klub seit 1874 die Funktion „einer Art Reichsvereinigung für die gesamte Warmblutzucht" übernommen. Diese wuchs den führenden Klubmitgliedern über den Kopf. Zur Jahrhundertwende zog man sich daraus zurück.

Die Krise war zum Glück nicht von langer Dauer. 1898 gelang es dem Union-Klub, das Gut Neuenhagen mit riesigem Gelände zu kaufen. Darauf entstand in wenigen Jahren die Neuenhagener Trainierbahn mit ihren drei Grasbahnen und einer Sandbahn. Nach dem Vorbild von Newmarket wurde eine bis heute in Deutschland einzigartige Anlage geschaffen.

Im Rheinland und in Südwestdeutschland hatten inzwischen reiche Bürger neue Gestüte gegründet. Namentlich der weltgewandte Kölner Bankier Simon Alfred von Oppenheim und die Frankfurter Gebrüder Carl und Arthur von Weinberg engagierten sich in der Vollblutzucht. Es begann der kometenhafte Aufstieg der Gestüte Schlenderhan und Waldfried. Selbstverständlich ließen die Besitzer ihre Pferde in Hoppegarten von den besten Trainern dieser Zeit für die Rennen vorbereiten. Rechtzeitig erkannten sie die herausragenden Qualitäten der importierten Hengste Dark Ronald, Ard Patrick, Nuage und Galtee More. In England kauften sie überdies wertvolle Stuten. Nicht minder wichtig war das Wirken des neuen Graditzer Hausherren, des Grafen Georg von Lehndorff.

Um diese Zeit brachten die amerikanischen Jokkeis ihren ebenso simplen wie erfolgreichen Rennsitz nach Europa. Die Weinbergs engagierten den Amerikaner George Walker als Trainer. Und der überraschte die deutsche Turfwelt mit durchaus wissenschaftlichen Trainingsmethoden. Das harte Training der Weinberger Pferde wurde in Hoppegarten sprichwörtlich.

Damals war eine kleine und äußerlich unscheinbare Vollblutstute namens Festa aus England eingeführt worden. Trainer Walker machte aus ihren Kindern Festino, Fels, Fabula, Faust und Fervor von 1905 bis 1910 wahre Turfsensationen. Fels und Faust gewannen das Derby, Festino, Fels und Fervor den Großen Preis von Berlin. Von zahlreichen anderen großen Siegen gar nicht zu reden. Die Festa-Zöglinge mit Ausnahme des früh verunglückten Faust, vererbten ihre Vorzüge in der Vollblutzucht äußerst prägnant.

Der Rennstall Oppenheim zog ab 1912 mit Pferden wie Dolomit und Majestic, Orchidee II, der Mutter des deutschen Wunderpferdes Oleander, Ariel und Oleanders Vater Prunus großartig nach. Sowohl Dolomit als auch Majestic gewann den Großen Preis von Berlin.

Die Millionenstadt wuchs und wuchs. Die Bewohner drängten ins Grüne. Die Gassenhauer von der „Holzauktion im Grunewald" und von der „Krummen Lanke" entstanden. Die Fahrt nach Hoppegarten dauerte mit dem Vorortzug vom Schlesischen Bahnhof keine halbe Stunde. Der Massenandrang auf der Rennbahn im Grünen wurde immer größer. 1903 mußte das Sonntagsverbot wieder aufgehoben werden. 1905 kam das neue Totogesetz heraus. 1912 die neue Rennordnung, das Hoppegarten-Fieber erfaßte Berlin ganz allgemein.

Der Zuspruch zum Galopprennsport wurde so groß, daß der Union-Klub den Bau einer weiteren Großbahn planen konnte. Trotz der Bodenspekulation gelang es, ein verkehrsgünstiges Gelände im Grunewald nahe dem neuen zweiten Stadtzentrum zu kaufen.

Am 23. Mai 1909 war es soweit, die großzügige und auf die Weltstadt zugeschnittene Anlage öffnete ihre Pforten. Hoppegarten mußte zu ihren Gunsten sogar auf den Großen Preis von Berlin und die Goldene Peitsche verzichten, die nun dort über die trapezförmige Anlage liefen. Die anderen großen Rennen blieben auf der Stammbahn.

Bis zu der Zeit, als der erste Weltkrieg ausbrach, beherrschten ausländische Jockeis, vor allem Engländer und Amerikaner, das Renngeschehen in Hoppegarten. Nun mußten sie der Weltpolitik weichen. Wohl hatte es vorher schon einige gute deutsche Jockeis gegeben. Aber erst jetzt konnten sie sich auf der ganzen Linie durchsetzen. Sie zeigten sich plötzlich als ebenbürtige Könner. Es bgann die Ära der Julius Rastenberger, Otto Schmidt, Fritz Kasper, Geza Janek (ein gebürtiger Ungar), Anton Olejnik, Albert Schlaefke, Max Jentzsch und Wilhelm Plüschke.

Wenn der endkampfstarke Otto Schmidt und sein härtester Widersacher, der ausgefuchste Julius Rastenberger, ihre Pferde Kopf an Kopf zur schnelleren Gangart forderten, wackelten unter den Anfeuerungsstürmen Hoppegartens Tribünen. „Otto-Otto" und „Jule-Jule" brüllten die Anhänger vor Begeisterung. Doch auch die Turfgeschichte hat ihre Ironie: Rastenberger, der sonst in jeder Siegerliste verzeichnet ist, konnte ausgerechnet beim Hoppegartener Union-Rennen nie gewinnen.

Der Stern Otto Schmidt ging bereits auf, als er noch Lehrling war. Für die Herren von Weinberg gewann er 1916 mit Amorino das Derby. Als Siegreiter des erst beim 12. Start geschlagenen Weinberger Pergolese avancierte Schmidt schon ein Jahr später zum Turfidol.

Nach dem ersten Weltkrieg kam der Turf in Berlin zunächst nur langsam wieder in Schwung. **Von 1918 bis 1922 fielen die Rennen in Hoppegarten aus.** Sie wurden nach Grunewald verlegt, weil die Tribünen neu gebaut wurden. Doch dann begann eine neue Glanzzeit. Die Haupttribüne bekam 1934 noch einen Um- und Anbau. Im gleichen Jahr mußte die Rennbahn Grunewald dem Olympia-Stadion weichen.

Obwohl die deutsche Vollblutzucht in den Jahren 1918 bis 1934 wegen der schweren wirtschaftlichen Krise ihren Stutenbestand sehr verringern mußte und in manchem Hoppegartener Rennstallteam die Not einzog, erfolgte in qualitativer Hinsicht ein großartiger Aufschwung. Das alte englische Prinzip der Paarung nur des Allerbesten mit dem Besten bescherte den Züchtern in Schlenderhan, Waldfried und Graditz, aber auch in den Gestüten der Multimillionäre Haniel und Oppenheimer/Thyssen (Gestüt Erlenhof) Klassepferde von vorher nicht gekanntem Galoppiervermögen, so Herold (Graditz), Wallenstein (Schlenderhan), Augias (Waldfried), Ferro (Haniel) und Oleander (Schlenderhan). Oppenheims Superhengst Oleander gewann den Großen Preis von Berlin gleich zweimal, den Großen Preis von Baden sogar dreimal. Sein Trainer George Arnull, ein gebürtiger Engländer, wagte sich mit ihm zweimal in die Höhle des Löwen nach Paris. Oleanders dritter Platz im Prix de l' Arc de Triomphe 1929 bedeutete den Anschluß an die Weltelite. Ganz Berlin sprach damals von dem Schlenderhaner.

Schon ein Jahr später erreichte Oleanders Stallgefährte Alba annähernd gleiche Qualität, verunglückte aber nach seiner Siegeskette ohnegleichen. Während es quantitativ in der deutschen Zucht nur allmählich bergauf ging, brachte sie immer neue

Klassepferde hervor, so Alchimist (Graditz), Atha-
nasius (Erlenhof), Sturmvogel (Schlenderhan), Nereide (Erlenhof), Blasius (Waldfried) und dann 1940
vor allem die Wunderstute Schwarzgold (Schlenderhan) sowie Magnat 1941 (Schlenderhan) und Ticino
1942/44 (Erlenhof). Die Pionierarbeit der Züchter in
Erlenhof, Zoppenbroich, Ebbesloh, Röttgen, Myd-
linhoven und anderen Zuchtstätten trug ausgerechnet zu schwerer Zeit reife Früchte.

Der Union-Klub fügte sich 1933 der De-facto-Ent-
eignung der Grunewald-Rennbahn durch die
Reichsregierung. Reichskanzler Franz von Papen,
Hitlers Vorgänger, war prominentes Mitglied des
Union-Klubs. Unter Hitler wurde er Reichsaußen-
minister. 1934 übernahm von Papen die Präsident-
schaft im Union-Klub. Für den Turf in Hoppegarten
war es dennoch eine große Zeit. Mehr als 45 000 Zuschauer wurden Augenzeugen, als 1935 beim Großen Preis der Reichshauptstadt der Schlenderhaner
Sturmvogel den fränzösischen Spitzenhengst Admiral Drake schlug. Nicht viel weniger kamen ein Jahr
später beim Auftritt der französischen Superstute
Corrida.

Neben Otto-Otto und Jule-Jule begeisterten inzwischen neue Reittalente wie Hans Zehmisch,
Walter Held, Gerhard Streit, Hans Blume, Erich
Huguenin, Erich Boehlke und Ernst Grabsch. Einige gaben sich kühl, so Gerhard Streit. Andere wie
Tiny Huguenin oder Erich Boehlke waren echte Originale voller Witz und Charme. Alle besaßen sie
ihre Villen in Hoppegarten, denen man noch heute
den Glanz jener Jahre ein wenig ansieht. Grabsch
und Huguenin konnten sich zeitweilig eigene Kut-
schen mit Steuermann in einer Livree leisten. Es
wurden rauschende Feste gefeiert.

lopprennbahn Hoppegarten. Blick auf die Zielgerade

Die Startmaschine. Vorn Jokei Rainer Kalmus auf Bunbury

er Antritt entscheidet über gute Ausgangspositionen

nndramatik

Stürze werfen manchen Favoriten aus dem Rennen

*Hecke und Wassergraben verlangen weite Sprünge
(rechts oben)*

*Vor dem Rennen zeigen sich Roß und Reiter im Führring
(rechts)*

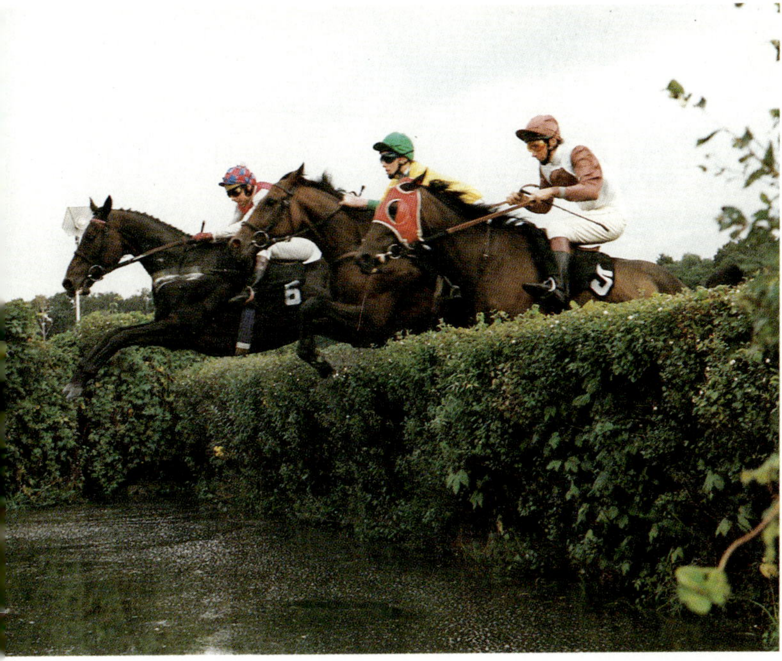

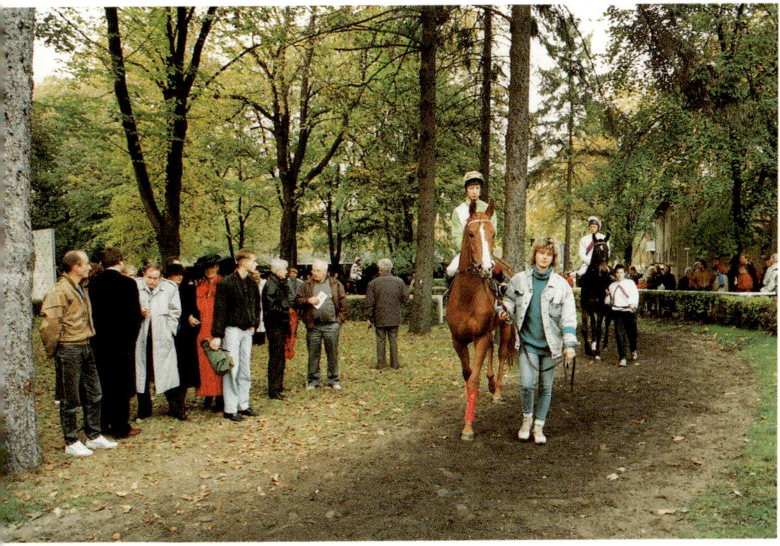

Die Waagetribüne, auch Klubtribüne genannt

*In vollem Speed erreichen die Pferde Geschwindigkeiten von
60 Stundenkilometern (rechts oben)*

*Trainer Hein Bollow, einst Jockei in Hoppegarten, führt zur
Siegerehrung (rechts unten)*

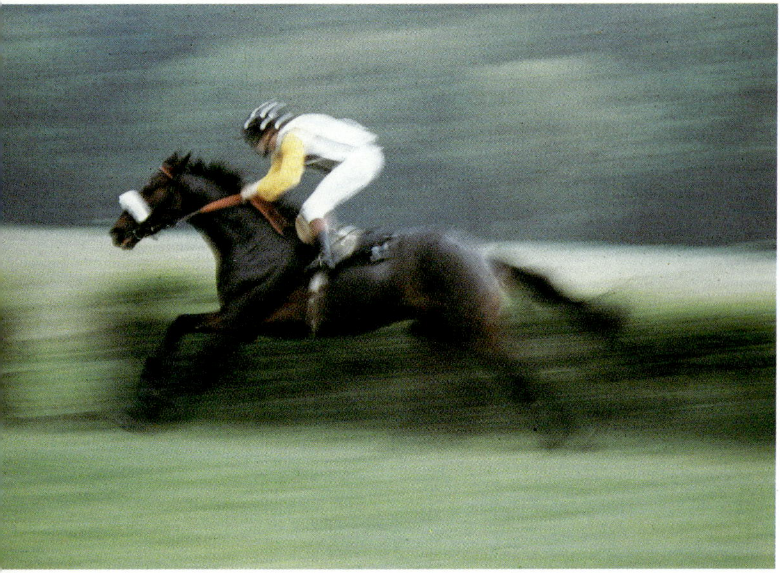

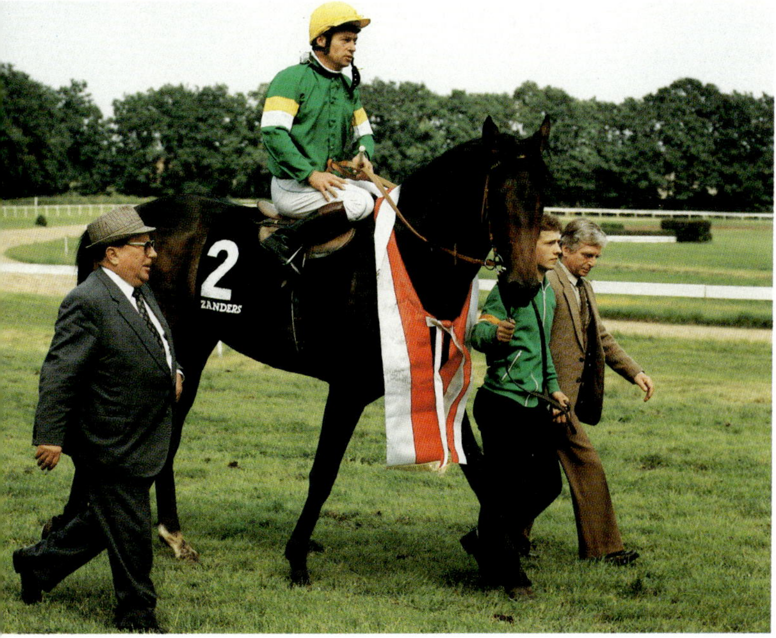
2
ZANDERS

Morgenstimmung auf der Bollensdorfer Trainierbahn

Die Steuereinzahlungen großer Rennstallbesitzer ließen die Gemeinden Dahlwitz-Hoppegarten und Neuenhagen aufblühen. Das damals tadellose Straßenpflaster der Neuenhagener Gartenstadt, kostbare Straßenlaternen in Dahlwitz, die Tennisplätze, das Neuenhagener Freibad, das markante rote Backstein-Rathaus in Neuenhagen waren Segnungen des „Sports", wie der Galopprennsport damals hieß.

Kleine und große Skandale schreckten die Zuschauer nicht ab, sondern zogen eher noch mehr nach Hoppegarten. Die Gebrüder Sklarex, Besitzer des Derbysiegers Lupus, hatten zu Beginn der Weltwirtschaftskrise Papierschnitzel statt Wertpapiere und Banknoten im Safe, als der Gerichtsvollzieher zuschlug. Ein Jockei rollte im Suff seine splitternackte Gattin in einen Teppich und legte sie in den Rinnstein.

Man verdiente glänzend in Hoppegarten, doch nur die großen Stars. Erst 1938 setzte Graf Spreti, der kommende große Mann des deutschen Turfs, Schwiegersohn Arthur von Weinbergs, einen Tarif-Wochenlohn von 38 Reichsmark für die Pferdepfleger durch.

Ende der dreißiger Jahre stabilisierte sich die allgemeine wirtschaftliche Lage in Hoppegarten. Das wirkte sich wohltuend auf das ganze Leben in den Gemeinden aus. Hoppegarten hatte längst seinen eigenen **Rennbahnhof.** Dort konnten bis zu acht Sonderzüge in kürzester Zeit empfangen und abgefertigt werden. 30 Pfennig kostete die Fahrkarte vom Schlesischen Bahnhof, 40 Pfennig von Gesundbrunnen oder Charlottenburg. Nur 22 Minuten brauchte der Zug vom Schlesischen Bahnhof nach Hoppegarten. Im Winter waren die schwarzen Vorortzüge gut geheizt. Keine fünf Minuten dauerte der Fußweg vom Rennbahnhof bis zum Haupteingang. Davor standen massenhaft die Doppeldecker der BVG. Als Sonderbusse kamen sie vom Alex oder vom Bahnhof Zoo. Die Autokarawanen waren 1939 schon sehr lang.

Die Väter gingen mit ihren Kindern gern auf den **Sattelplatz.** So hieß die zweite Tribüne offiziell. Der Eintritt betrug zwei Reichsmark, die Kinder hatten es frei. Für die erste Tribüne (numerierte Plätze für drei RM) reichte das Familienbudget nur in Ausnahmefällen. Die zweite Tribüne galt als Meckertribüne. Dort saßen oder standen die kleinen Leute mit dem großen Sachverstand. Wegen der flotten Sprüche, die sie vom Rennen zurückkehrenden Reitern zuriefen, waren sie gefürchtet. Das war so etwas wie der Heuboden für die Radsportler im alten Berliner Sportpalast.

Hoppegarten besaß auch seine **Kneipenszene.** Im Logierhaus, im Hoppegartener Bahnhofsrestaurant, im Gleis 7 am Kleinbahnhof nach Altlandsberg, im Schweizer Haus oder bei Maxe Pusch an der Neuenhagener Trainierbahn, bei Scholzens in der Hoppegartener Straße oder in der Sportklause an der Niederheidenschranke – überall traf man Jockeis und solche, die sich dafür hielten. Für die rund 1500 Rennpferde in den beiden Gemeinden gab es fast ebenso viele Pfleger, Futtermeister, Jockeis, Trainer und Lehrlinge. Und nicht zu vergessen die Besitzer. Alle kamen zum Schwätzchen, besonders nach den scharfen Trainingsgalopps an Dienstagen. Überall sprach man vom Sport, von den Pferden und vom Wetten. Mit einer Gummi-Limonade – man mußte das Austrinken in die Länge ziehen, denn die Pfennige waren knapp – verschafften sich die Kinder Einlaß und lauschten fasziniert den Gesprächen.

Die Starjockeis konnten es sich leisten, zwischen den einzelnen Ausritten Billardrunden zu spielen.

Alle Jockeis waren damals mit dem Fahrrad unterwegs und hielten sich dadurch fit. Man erkannte sie schon von weitem an den Rädern und an ihrer Haltung.

Schon die Stalljockeis bei den kleinen Trainern waren Persönlichkeiten. Sie konnten wunderbare Geschichten erzählen. Der Lustigste unter den Großen war Erich Huguenin, wegen seiner minimalen Körpergröße Tiny genannt. Er mußte noch Blei in den Sattel aufnehmen, um 45 Kilogramm Renngewicht auf die Waage zu bringen.

Die Rennställe waren pikfein hergerichtet. Die Höfe wurden jeden Tag von den Lehrlingen geharkt. Wo man hinschaute, traf man in Hoppegarten die Vollblüter bei Ausritten in Gruppen (Lots) oder auch einzeln.

An den großen Renntagen spielten auf der Rennbahn Orchester der Hauptstadt auf, meistens solche der Wehrmacht und zwar in schicken Paradeuniformen. Der Musikpavillon war zugleich Treffpunkt der Familien, wo die verlorengegangenen Kinder wieder eingesammelt wurden.

Der zweite Weltkrieg kam nach Hoppegarten zuerst in Gestalt eines Scheinwerfers und eines Horchgeräts. Sie wurden im Bahninneren aufgebaut. Nach wenigen Wochen verschwand das Gerät wieder. Aber es stellte die Ouvertüre dar zu den Bombennächten der Jahre 1943 bis 1945.

Am 18. November 1943 gingen der Rennstall Bolek und ein Stall des Championtrainers Albert Schlaefke in Flammen auf. Die Pferde irrten im Bombenregen auf den Straßen umher. Ein verheerender Bombenteppich fiel 1944 in den Wald und streifte die 1400-Meter-Gerade. Die Bollensdorfer Bahn und das Rennbahninnere bekamen 1945 einige Treffer ab. Die Familie des gebürtigen englischen Trainers Jimmy Cooter kam bei einem Volltreffer auf den Luftschutzbunker ums Leben.

An die 1500 Pferde waren Anfang der vierziger Jahre in Hoppegarten-Neuenhagen stationiert. Da viele Pfleger zum Kriegsdienst eingezogen waren, ließ man viele Arbeiten von polnischen und französischen Kriegsgefangenen verrichten. Sie wurden im allgemeinen gut behandelt. In Betrieb waren damals außer den jetzt noch vorhandenen drei Trainierbahnen die Machnower Bahn, jetzt Kiesgrube, und die Treskowsche Waldbahn, eine Grasbahn in Richtung Friedrichshagen.

Ein Schauspiel besonderer Art war das Verladen der Rennpferde am **Hoppegartener Güterbahnhof.** Die Reichsbahn besaß spezielle Waggons für den Transport der Pferde und der Begleiter. Sie wurden an die Personen- und D-Züge angehängt. Ein Modell davon steht noch im Verkehrsmuseum in Dresden. Die Reisefuttermeister führten ein strenges Regime, denn das Einladen der Pferde kann zum kritischen Punkt werden. Kam prominenter Besuch, zogen die Reisefuttermeister sogar weiße Handschuhe an. Wenn alles vorbei war, haben sich die Herrn bei der Rückkehr im Gleis 7 manchmal recht ordentlich betrunken.

Die Jockeis überlebten den Krieg zumeist beim Heeresrennstall in Hoppegarten oder in Potsdam, beim Heeresfuhrpark in Strausberg oder in den Ausbildungseinheiten der bespannten Artillerie. Manche von ihnen konnten täglich zum Ausreiten nach Hoppegarten oder sogar zu den Rennen kommen. Die Beziehungen der Besitzer zum höheren Offizierskorps machten das möglich.

Ab 1943 wurde die Lage kritisch. Nach den verheerenden Bombenangriffen auf Hamburg mußte das Derby nach Hoppegarten verlegt werden. Der Schlenderhaner Hengst Allgäu siegte. Aber der berühmte Rennstall der jüdischen Familie von Oppenheim war schon Jahre vorher von der SS requiriert worden. Der Geheimrat von Weinberg vom Gestüt Waldfried wurde ins KZ Theresienstadt verschleppt und kam ums Leben. Mancher Jockei mußte doch noch an die Front, zum Beispiel Erich Boehlke.

Im Jahre 1944 gingen die Rennen zwar weiter, mußten aber ohne Totalisator durchgeführt werden. Die Rennbahn verlor dadurch viele Einnahmen. Der Wert der Reichsmark stand allerdings sowieso nur noch auf dem Papier. Und ohne Toto, bei ständig drohendem Fliegeralarm, kam nur noch ein Häuflein Unentwegter zu den Renntagen.

Dann überschlugen sich die Ereignisse. Im Spätherbst 1944 wurde die Haupttribüne zu einer getarnten Rüstungsfabrik umfunktioniert. Viele Besitzer nahmen ihre Pferde auf die heimatlichen Koppeln zurück, wo dennoch nicht wenige bei Fliegerangriffen umkamen. Im März 1945 erfolgte **der große Treck.** Weit über hundert Vollblüter wurden von Jockeis nach Schleswig-Holstein geritten. Die großen Besitzer wußten dank ihrer Beziehungen, was die Stunde geschlagen hatte. „Drei Wochen war der Treck unterwegs", berichtet Hoppegartens Trainer-Altmeister Walter Genz. „Die Quartiere waren sorgfältig vorbereitet. Ein Pferd wurde geritten, eins pro Mann geführt. Bei Fliegeralarm war das lebensgefährlich. Aber fast alle Pferde kamen an. Viele verschwanden später bei den Engländern."

Das **Kriegsende in Hoppegarten-Neuenhagen** verlief dank des klugen Ortskommandanten und Rennstallbesitzers Curt Panse ohne Zerstörungen. Nach einem sinnlosen Gefecht des Volkssturms übergab der Oberst die Ortschaften am nächsten Tag den sowjetischen Truppen. Die verbliebenen Rennpferde wurden von der hungernden Bevölkerung geschlachtet oder von den Besatzungstruppen beschlagnahmt. Nur einzelne überstanden das Jahr 1945.

Viele Männer aus Hoppegarten gingen auf den anderen Treck: in das Lager für Kriegsgefangene in Rüdersdorf. Unter ihnen Otto Schmidt.

Die schweren Anfänge
von 1946 und 1990

Im Frühjahr 1946 besannen sich in Hoppegarten unverdrossene Turffreunde darauf, die Rennen wieder aufleben zu lassen.

In Leipzig war das bereits 1945 geschehen.

Karlshorst war zur Trabrennbahn umfunktioniert worden.

Bei den zuständigen sowjetischen Kommandanten stießen die Anregungen auf offene Ohren und handfeste Unterstützung. Die Hoppegartener Besitzer Alfred Krenz und Curt Panse, der Berliner Verwaltungsfachmann Walter Schnitzer, der Trainer Hermann Hoch und der aus der Gefangenschaft entlassene Otto Schmidt gehörten zum Kreis derer, die für eine Wiederbelebung sorgten.

Das Schwierigste war wohl, die im ganzen Land verstreuten restlichen Rennpferde aufzustöbern. In teils abenteuerlichen Aktionen gelang das tatsächlich. Bei einem erheblichen Teil der Pferde fehlten allerdings die notwendigen Begleitpapiere. Man einigte sich darauf, sie unter dem Modus Pferd unbekannter Abstammung starten zu lassen. Man wußte, daß es Vollblüter waren, konnte aber nicht beweisen, wer es wirklich war.

Die Vorbereitungen verliefen nicht zuletzt dank der Improvisationen der russischen Offiziere erstaunlich glatt. Nach zwei Proberennen anläßlich eines Festes der Konsumgenossenschaften war es am

14. Juli 1946 soweit: Hoppegarten feierte seine zweite Premiere.

Die Anfahrt mit den lädierten Vorortzügen, teilweise auf dem Trittbrett oder dem Dach, war für das Publikum schon Abenteuer genug. Alle hatten Hunger. Doch der Optimismus war grenzenlos.

Der Sportjournalist Lothar Schütt schrieb damals: „Wenn auch der gebotene Sport weit unter dem gewohnten Hoppegartener Niveau stand, so erinnerte das äußere Bild mit seinen frohgestimmten Zuschauermassen und der im Blumenschmuck prangenden Bahn an frühere große Tage."

Das erste Rennen gewann Tell II, ein Pferd unbekannter Abstammung, mit dem Lehrling Karl Wendt, der den Klassejockei Hans Zehmisch austrickste.

Der Trainer Herrmann Hoch und sein Stalljockei Bruno Radach wurden die Matadoren des ersten Rennjahres der Nachkriegszeit. Der weitaus berühmtere Otto Schmidt hatte es angesichts des Pferdemangels schwer, richtig zur Geltung zu kommen.

Schon 1947 bis 1949 ging es trotz des chronischen Pferdemangels in Hoppegarten bergauf. Die Transportmöglichkeiten hatten sich verbessert, auch die Sicherheit gegen Überfälle unterwegs. So konnten einige Klassepferde aus dem Westen zurückkehren und die dreijährigen Hengste Harlekin und Bürgermeister aus Dresden groß auftrumpfen. Wunderschöne Duelle zwischen Harlekin mit Otto Schmidt und Bürgermeister mit Hans Zehmisch erinnerten an die alten Zeiten. Harlekin gewann das neu geschaffene Hoppegartener Derby über 2400 Meter, das das alte Union-Rennen ersetzte. Der Rappe hatte sogar das Zeug in den Beinen, die zurückgekehrten älteren Raufer Berggeist und Schwarzkünstler beim Großen Preis der Sowjetischen Besatzungszone über die gleiche Strecke zu schlagen. Bürgermeister, Schwarzkünstler, Birkhahn, der Derbysieger von 1948, und sein Nachfolger Lysander drückten den Rennen in den beiden nächsten Jahren ihre Stempel auf.

Doch dann wirkten die Folgen des Krieges nach. Die Besetzung der Rennen wurde immer schwieriger. Der ganze Derbyjahrgang von 1950 bestand nur noch aus zwölf Pferden, während es früher Hunderte gewesen waren. Der Rennbahnverwalter Schnitzer und seine Mitstreiter behalfen sich mit sogenannten Bauernrennen. Und wenn es auch teilweise mehr als rundliche Gebrauchspferde waren, das Publikum hatte seinen Riesenspaß, wenn die Donner, Wotan, Hansi und andere große Unbekannte über den Rasen hopsten.

Die Politik machte um Hopegarten keinen Bogen. Der Union-Klub wurde 1946 und 1947 im Zuge der Bodenreform als Großgrundbesitzer enteignet, die Rennbahn der Provinzialverwaltung Brandenburg unterstellt. Im Februar 1952 sah sich Walter Schnitzer nach endlosen Querelen mit der neuen Staatsmacht veranlaßt, sein Amt aufzugeben.

Am 1. Juni 1952 kam der zweite schmerzhafte Einschnitt. Westberliner durften nur noch mit Sondergenehmigung nach Hoppegarten. Zur Kontrolle gehörte, daß sie die Rennbahn durch eine von Grenzsoldaten bewachte Passage an Renntagen erreichen konnten. Im gleichen Jahr wurden Rennbahn und Trainieranlagen zum Volkseigenen Betrieb erklärt.

Aber es gab auch überraschende Entwicklungen. Im Jahr 1953 übersiedelte der niedersächsische Minister Dr. Dr. Günther Gerecke in die DDR. Der Mann war eine schillernde Persönlichkeit, großer

Rennsportenthusiast, erfolgreicher Vollblutzüchter, bekannter Politiker der Weimarer Republik, Antifaschist, aber auch enteigneter Großgrundbesitzer aus Sachsen-Anhalt. Deshalb hatte er sich nach dem Westen abgesetzt. Nun, nach Auseinandersetzungen mit dem damaligen CDU-Vorsitzenden und Kanzler Konrad Adenauer, kehrte Gerecke zurück. Er war der erste namhafte westdeutsche Politiker, der Walter Ulbricht die Hand reichte. Das vergaß ihm dieser nicht.

Der Doktor, wie alle Turfleute **Gerecke** nannten, wurde zum Chef der staatlichen Zentralstelle für Pferdezucht und Leistungsprüfungen der Vollblut- und Traberpferde ernannt. Er baute einen straff geleiteten Turfsport auf. Vor allem verstand er es, große finanzielle Mittel für den Kauf von Renn- und Zuchtpferden in Westdeutschland loszueisen. So gelangten der Spitzenhengst Niederländer und wertvolle Hengste wie Angeber, Grande, Steinadler, Bernardus und Atatürk in die Zucht der DDR. Mit ihrer Hilfe gelang ein bedeutender Aufschwung, der in dem guten Abschneiden bei den internationalen Rennen Hoppegartens zwischen 1957 und 1964 gipfelte.

Eine einmalige Sache im Galoppsport war das Internationale Meeting der Vollblutpferde sozialistischer Länder. 1949 als ein Art Drei-Länder-Kampf gegründet, entwickelte sich die Veranstaltung zum wichtigsten Treff der besten Galopprennpferde und Reiter aus sechs, zeitweilig sieben Ländern. Der Austragungsort wechselte alljährlich. Hoppegarten war zwischen 1954 und 1989 achtmal an der Reihe. Tagungen des Internationalen Pferdezuchtkongresses, Gestütsbesuche, Stadtrundfahrten, Ausflüge, Theaterbesuche und Bankette umrahmten die Renntage. Alles, auch die Unterkunft von Pferden und

Mannschaften bezahlte der jeweilige Gastgeber. Wer es miterleben konnte, wird die Großzügigkeit, Geselligkeit und Gastfreundschaft so schnell nicht vergessen.

Zunächst wirbelten die überlegenen sowjetischen, tschechoslowakischen und rumänischen Pferde über den Rasen und teilten sich die Beute. Die einheimische Equipe schien keinerlei Chancen zu besitzen. Immerhin lag der totale Zusammenbruch des alten Hoppegartener Rennsportes erst neun Jahre zurück. Und der Wiederaufbau war mühevoll. Ganz überraschend steuerte 1954 der neue Hoppegartener Starjockei Egon Czaplewski den Hengst Goldregen mit taktischer Delikatesse zum Erfolg. Zwei weitere Siege mit den zweijährigen Stuten Kasanbraut und Uganda sollten folgen.

Langsam stieg die Qualität der Spitzenpferde wieder an. Nicht nur die Importe wie Steinadler, Osterwunder, Arroganz oder Hortensia zeigten erstklassiges Galoppiervermögen. Auch solche aus dem Restbestand von 1945 stammende Pferde wie Faktotum, Pace, Florentine, Amatia und Carolus boten hervorragende Leistungen in Hoppegarten und anderswo.

Die Jockeis Nikolai Nassibow (Sowjetunion), Jerzy Jednaszewski und Mieczyslaw Melnicki (Polen), Joan Pall (Rumänien), Istvan Keszthelyi (Ungarn), Karel Havelka (Tschechoslowakei), Egon Czaplewski, Rudi Lehmann, Klaus Otto und Martin Röhlke (DDR) verdienten sich bei diesen Meetings ihre internationalen Sporen. Klassepferde wie Anilin, Sabeg, Garnir, Imperial, Czubaryk und Aden wurden später auch im Westen zum Begriff.

Das beste in der gesamten Nachkriegszeit in Hoppegarten gelaufene Pferd war Anilin, Derbysieger aus der Sowjetunion, geprüft auch in Washington, Paris,

Köln, Budapest und Moskau. Der athletische Typ besaß phantastische Eigenschaften. Er war gutmütig, gelehrig und anschmiegsam, besaß ein gesundes Phlegma, enorme Schnelligkeit und großes Stehvermögen für lange Strecken. Sein Großvater Etalon Or stammte aus Ungarn. Er wurde 1945 von der sowjetischen Armee beschlagnahmt und zum berühmten Gestüt Woßchod im Kaukasus gebracht. Dort zeugte er verschiedene Klassepferde, darunter den Derbysieger Element, Anilins Vater. Doch so gut Element auch war, beim Goldpokal des Internationalen Meeting 1955 in Moskau mußte er dem Hoppegartener Hengst Faktotum den Vortritt lassen. Anilins Mutter Analogitschnaja war ebenfalls internationale Siegerin.

Dank der hervorragenden Ahnen aus Ungarn und Rußland entwickelte sich Anilin in persönlicher Obhut des Meisterjockeis Nikolai Nassibow zum Pferd von Weltklasse. Bereits zweijährig tauchte der Hengst 1963 in Hoppegarten auf. Aber Anilins Betreuer hatten ihre Rechnung ohne das perfekte Zusammenspiel der deutschen Jockeis gemacht. Die Graditzer Stute Amatia, eine Birkhahn-Tochter, gewann mit vorzüglicher Unterstützung ihres Jockeis Egon Czaplewski. Ein Pferd spielte den idealen Pacemacher. Ein anderes lenkte die Konkurrenz ab. Und Klaus Otto, von den Turffreunden freundschaftlich der Muschler genannt, nagelte Anilin geschickt an der Bahninnenseite fest, ohne ihn wirklich zu behindern. Der Moskauer Reiter fiel darauf herein. So bezog Anilin seine einzige Hoppegartener Niederlage. 1964 gewann Anilin jedoch beide Hauptereignisse des Internationalen Meetings auf dieser Bahn turmhoch überlegen.

Anschließend wagte sich Nassibow erstmals mit dem Hengst in das kapitalistische Ausland, wie man damals in Moskau sagte. Er bestritt und gewann das Robert-Pferdmenges-Rennen in Köln gegen die deutsche Elite. 1967 erschien er wieder in Hoppegarten.

Nassibow griff beim Preis von Europa, dem wichtigsten Rennen der Bundesrepublik in Köln, dreimal nach den Sternen und siegte immer. Mit Anilin konnte er sogar den Sprung zum Washington, D. C. International nach Amerika wagen. Das Pferd versuchte das Rennen Start-Ziel führend zu gewinnen. Es klappte nicht ganz. Doch allein der Platz im Vordertreffen bestätigte seine Weltklasse. In Paris-Longchamp holte der Henst einen fünften Platz im Prix de l' Arc de Triomphe, den man das schwerste Rennen der Welt nennt.

500 000 Dollar bot ein amerikanischer Züchter für Anilin. Dafür wurde er nicht hergegeben. Das war gut so, denn in der amerikanischen Zucht hätte er nicht eingesetzt werden können, weil seine reinrassige Abstammung als Vollblutpferd nicht nachgewiesen werden konnte. Sein Großvater war schließlich Kriegsbeute, und welcher Soldat dachte 1945 schon daran, die papiernen Nachweise mit einzusammeln?

Vor 1961 gab es noch Gastrollen der Hoppegartener Pferde in der Bundesrepublik. Und bis zum 13. August 1961 konnten Westberliner, wenn auch unter unwürdigen Kontrollen, an Renntagen nach Hoppegarten kommen. Doch dann war man völlig unter sich.

Die zunehmende Ausschaltung der Privatwirtschaft, die in allen Bereichen der DDR betrieben wurde, machte in dieser Zeit nicht vor dem Rennsport und der Vollblutzucht halt. Ende der sechziger Jahre ließen die Mächtigen der Politik Gerecke fallen. Apparatschiks, die zu seinem Sturz kräftig beigetragen hatten, nahmen das Heft in die Hand. Es kam zur totalen Abkapselung von den führenden Turfzentren der Welt.

Bis 1972 wurden die restlichen Privatrennställe ausgeschaltet. Ein paar kleine Amateur-Trainer mit wenigen Pferden blieben übrig. Westdeutsche Rennställe wie das Gestüt Buschof, ohne deren Pferde zwischen 1948 und 1953 alles zusammengebrochen wäre, waren schon vorher vergrault worden.

Die Mangelwirtschaft brach sich Bahn und führte Rennsport und Vollblutzucht in eine tiefe Krise. Das Leistungsniveau sackte kraß ab, nachdem es Pferdegeneration für Pferdegeneration versäumt wurde, erstklassiges Zuchtmaterial zu importieren.

Am 1. Januar 1974 erfolgte die **Bildung des VEB Vollblutrennbahnen mit Sitz in Hoppegarten.** Dazu gehörten sämtliche Rennbahnen der DDR, alle volkseigenen Rennställe, das Transportunternehmen und Handwerkerbrigaden. Der Direktor des Betriebes unterstand dem Staatsapparat und politisch der SED, war aber gleichzeitig Chef der Rennbahnen, gewissermaßen oberster Vertreter des einzigen Besitzers Volkseigentum an Rennpferden und Chef aller Trainer und Jockeis. Ein Widersinn! Nur durch die scharfe Trennung dieser Funktionen kann der Rennsport gedeihen.

Trotz der Misere versuchten hervorragende Trainer der alten Schule und ihre jungen Kollegen und auch viele dem Turf ergebene Funktionäre das Beste aus dem immer schwächer werdenden Material zu machen. Zu den Unbeirrbaren gehörten der oftmalige Champion Trainer Ewald Schneck, der Graditzer Trainer Richard Kortum, das Original Willy Frommann, der Altmeister Friedrich-Wilhelm Michaels, auch Walter Genz, Christian Hennig, Walter

Zimmermann, Rudi Lehmann, Heinz Schaefke, Eckhart Gröschel und Egon Czaplewski. Letzterer war bis 1971 der große Jockei Hoppegartens mit insgesamt 1398 Siegen im Rennsattel. Aber auch Rudi Lehmann, Klaus Otto, Ale Mirus, Martin Rölke, Jochen Potempa und Lutz Pyritz forderten ungezählte Male die Begeisterung des Publikums heraus.

Aber die Besucherzahlen stagnierten. Mehr als 15 000 kamen nur noch zu den besonderen Ereignissen, als zum Beispiel der Dresdener Schimmel Gidron 1979 die polnischen und russischen Asse Czubaryk und Floridon an den Rand einer Niederlage brachte oder vorher, als der Hoppegartener Antrieb 1977 seinen Bahnrekord von 2:29,7 Minuten für 2400 Meter aufstellte und ein Jahr später gegen Floridon (UdSSR) antrat. Andere hervorragende Pferde können aufgezählt werden: Tauchsport, Wildschütz oder die Klassestute Burleske Mitte der siebziger Jahre.

In den Achtzigern ging es leistungsmäßig weiter bergab. Beim Internationalen Meeting folgten Jahr für Jahr krasse Niederlagen in den tragenden Prüfungen. Die Publikumsgunst nahm zwar wieder zu – wo sollten die Bewohner der Betonsilos von Marzahn, Hellersdorf und Hohenschönhausen sonst schon hingehen. Aber große Stimmung kam immer seltener auf, ein letztes Mal vor der Wende am Tag des Internationalen Meetings 1989 in Hoppegarten.

Doch was einst 1954 mit großen Rennwochen begonnen hatte, endete nun in einer einzigen Veranstaltung. Das Meeting hatte sich überlebt. Es offenbarte einen Qualitätsrückgang, als ob eine Bundesliga-Mannschaft in die Amateurliga zurückgefallen wäre. Fast bis zum Schluß mußten die Hoppegartener warten, bis der kleine Hengst Filutek dank einer taktischen Meisterleistung des Jockeis Lutz Pyritz die polnische und die russische Konkurrenz doch noch schlug.

Am letzten Renntag im November 1989 waren die Aktiven des Sports fast unter sich. Die Berliner Mauer war gefallen. Alles was Beine hatte, war nach Westberlin unterwegs. Das war das Ende der Nachkriegsära in Hoppegarten.

Der deutsch-deutsche Renntag in Hoppegarten, der 31. März 1990, wurde zu einem großen Fest des Wiedersehens auf dem Turf. Eine riesige Besucherzahl eilte aus allen Teilen Deutschlands herbei, wollte Hoppegarten zum ersten Male erleben oder alte Freunde wiedersehen, die endlich gewonnene Reisefreiheit genießen. Doch in den Freudenbecher fielen die bitteren Tropfen der Turfwahrheit. Die hiesigen Pferde hatten gegen die Gäste aus dem Westen nicht die Spur einer Chance. 45 Jahre Mangelwirtschaft zeigten Wirkung.

Es war ein Glück für Hoppegarten, daß der damals noch existierende VEB Vollblutrennbahnen zum Schluß einen gewitzten Mann wie Arthur Boehlke als Direktor hatte. Er war parteilos, hatte sein Fach in der Rennbahnverwaltung von der Pike auf und aus der Familientradition heraus gelernt. Der gebürtige Neuenhagener erkannte sofort, daß für Hoppegarten nur in rascher konsequenter Hinwendung zur Marktwirtschaft eine Überlebenschance bestand. Das bedeutete, daß die 720 volkseigenen Rennpferde verkauft werden mußten. Den VEB Vollblutrennbahn mußte man auflösen, die Rennställe und Rennbahnen trennen, Hoppegarten privatisieren. Man brauchte auch neue Besitzer.

Der Ausverkauf begann. Turbulenzen blieben nicht aus. Schlagzeilen um die drohende Schlachtung der Pferde sorgten für Aufregung. In den Rennställen herrschte zeitweilig Panikstimmung. Junge Reiter wanderten scharenweise in die alten Bundesländern ab. Doch wie sollte es anders gemacht werden? Die Kassen waren leer.

In dem sich rasch bildenden neuen Rennverein, dessen Geschäftsführer Arthur Boehlke wurde, fanden die Hoppegartener sachkundige Unterstützung. Schon in der Übergangsphase begann eine große Bautätigkeit an den teilweise arg in Mitleidenschaft gezogenen Anlagen. Vor allem wurden die sanitären Einrichtungen und die Gastronomie umgekrempelt und auf westlichen Standard gebracht, eine wichtige Sache. Der Elektronentoto wurde eingeführt.

Der zum Präsidenten des Hoppegartener Rennvereins gewählte Kurt Becker, ein langjähriger Berliner Rennstallbesitzer, und sein Stellvertreter Karl-Dieter Ellerbracke, ein versierter Turfmanager, Züchter und Besitzer, warben mit viel Engagement um Großsponsoren und ermöglichten Hoppegarten damit schon 1991, im ersten Jahr der Vereinigung, den Wiedereinstieg in den ganz großen Sport.

Inzwischen ist Hoppegarten in seiner sportlichen Qualität und den Besucherzahlen wieder eine deutsche Großbahn. Fast zu jedem Renntag treten Klassepferde aus den alten Bundesländern an, oft auch aus dem Ausland. Die Rennfarben der berühmtesten Rennställe wie der Königin von England und des Ölscheichs al Maktoum tauchten in Hoppegarten auf. Alle großen Jockeis Europas stellten sich schon vor und waren begeistert – Lester Piggott, John Reid, Willie Ryan, Alain Lequeux, John Murtogh und wie sie alle heißen.

1992 konnte der Rennverein erreichen, daß in Hoppegarten ohne die üblichen Anlaufzeiten gleich vier Rennen der sogenannten Europa-Gruppe III durchgeführt wurden. Als BMW-Europa-Championat der Dreijährigen (2400 Meter), Prix Zino Davidoff (2000 Meter), De Te We – Großer Preis von Berlin (1300 Meter) und Berlin-Brandenburg-Trophy der Landesbank Berlin (1600 Meter) gehören sie auf Anhieb zum Standard-Programm des europäischen Turfs.

Ein Problem aber ist ungelöst: Die Eigentumsfrage an Grund und Boden. Wohl wurde Hoppegarten dem Uralt-Eigentümer Union-Klub im Frühjahr 1992 für den Rückkauf zugesprochen. Aber das Land Brandenburg erhebt ebenfalls Ansprüche. Für Hoppegarten bedeutet der Rechtsstreit das Aufschieben der geplanten Großinvestitionen. Aber der Turf lebt vom Optimismus. Und der wird sich durchsetzen; zumal, wenn Hoppegarten sein 125. Jubiläum feiert.

Alltag
auf der Rennbahn

Viele treffende Bezeichnungen erhielt Hoppegarten in seiner einhundertfünfundzwanzigjährigen Geschichte: Schönste Rennbahn Deutschlands, Mekka des Pferdesports, deutsches Newmarket, Rennbahn im Grünen, Pferdeparadies. Am Aufbau und der Pflege dieses Zentrums des deutschen Galopprennsportes waren immer zwei Gemeinden beteiligt: Dahlwitz-Hoppegarten und das angrenzende Neuenhagen. Die Rennbahn selbst befindet sich im Dahlwitzer Ortsteil Hoppegarten.

Über beide Gemeinden verteilen sich die Trainierbahnen, die Rennställe, die Schmiedewerkstätten, die Sattlereien und was sonst zum Turf gehört, auch die Tierklinik Hoppegarten der Humboldt-Universität Berlin. In beiden Ortschaften wohnen die meisten Trainer, Jockeis und Pferdepfleger, einige Besitzer und viele Turf-Fans.

Die harte Arbeit beginnt schon frühmorgens auf den drei Trainierbahnen Neuenhagen, Bollensdorf und Idea-Bahn, wenn ab 5 Uhr die rund 420 Vollblüter für die nächsten Rennen vorbereitet werden. Dienstags und freitags wird das Geläuf der Rennbahn, die eigentliche Wettkampfarena, in das Training einbezogen. Dann erhalten die Vierbeiner den letzten Schliff.

Der Nachmittag gehört den Hobbyreitern. Sie reiten freilich meist ausgediente Rennpferde. Einige aktive Galopper werden ebenfalls nachmittags bewegt.

Erholung, Aufenthalt an frischer Luft und zusätzliche Bewegung ergänzen des Training. Der Besucher Hoppegartens findet Pferde überall auf Koppeln. Dann und wann trifft er auch Mutterstuten mit ihren quicklebendigen Fohlen an.

Jeder Freund edlen Vollbluts kann selbst aktiv werden. Zum Beispiel wenn er ein Rennpferd erwirbt. Der **Rennpferdebestand in Deutschland** erreicht neuerdings eine Höhe von mehr als 4300 Tieren. Jedermann kann sich als Hobbypfleger und Hobbyreiter betätigen. Den Trainern sind Helfer immer willkommen.

Das **Prunkstück Hoppegartens ist die Rennbahn** selbst. Kein anderer deutscher Turfplatz hat ein derart faires Geläuf. Lange Geraden und weit geschwungene Bögen gestatten jedem Pferd eine chancenreiche Position. 30 Meter breit ist die Zielgerade, wo jeder Teilnehmer seine Spur für das Finish finden kann.

Die volle Bahnrunde mißt 2350 Meter. Bei einem Rennen über Derbydistanz von 2400 Metern starten die Pferde daher 50 Meter vor dem Ziel und schließen dann die volle Runde an.

Wie auf den meisten deutschen Bahnen führt der Kurs rechtsherum. Nach einer kurzen Geraden geht es durch den weit ausladenden Logierhausbogen, der im hinteren Stück leicht abschüssig angelegt ist. Fast automatisch beschleunigen dort die Pferde. In der sogenannten Gegengeraden können sich die Teilnehmer auf etwa 900 Metern frei entfalten. Ein kleiner Hügel im ersten Drittel der Gegenseite sorgt für zusätzlichen Reiz. Es gibt genügend Platz, um sich bis zum Dahlwitzer Bogen eine günstige Position zu erkämpfen. In dritter, vierter oder gar fünfter

Spur den Bogen zu durchlaufen, bedeutet eine erhebliche Mehrleistung. Die dabei verbrauchten Kräfte könnten beim Finish fehlen.

Die Hoppegartener Zielgerade gilt als schwerste in Deutschland, weil sie fast 550 Meter lang ist und als besondere Zugabe den Anberg enthält, eine Steigung vom Bogen bis etwa 250 Meter vor dem Ziel. Dort trennt sich die Spreu vom Weizen. Dann erst fällt unmittelbar vor der Haupttribüne die Entscheidung. Das Publikum begleitet das Anrennen der Teilnehmer am Berg, die oft schlagartig wechselnde Szene auf dem Scheitel und das große Finale mit immer mehr anschwellenden Anfeuerungsrufen.

Kurze Geraden, viele Rundungen und völlig ebene Strecken bevorteilen die Taktiker und verdecken kleine Mängel der Pferde. Rennbahnen mit langen Geraden, Steigungen und Senken werden von den internationalen Turfexperten als die eigentlichen Gradmesser für Können und vollkommene Gesundheit betrachtet. In diesem Sinne gilt Hoppegarten als Musteranlage.

Eine andere Besonderheit ist die 1400-Meter-Gerade, einmalig in Deutschland, ideal für die Sprinterprüfungen und die Auslese des jüngsten Jahrgangs, also der Zweijährigen. Die Senke am Fließ und der dadurch auf rund 600 Meter verlängerte Berg stellen höchste Anforderungen an die Pferde und an die Reiter.

Mustergültig, mit perfekter Dränage, wurde das Geläuf bereits im vorigen Jahrhundert angelegt. Die Anlage entstand auf märkischem Sand. Das Hoppegartener Geläuf kennt keinen harten Boden und selbst nach schwersten Gewittern sehr selten tiefen Boden. Die Grasnarbe wird sorgfältig gepflegt.

Den Zuschauern bietet sich ein **großes Naturpanorama.** Im Hintergrund der Wald, dann das satte

Grün des Geläufs mit den Hecken, dazu das weiträumige Bahninnere mit markanten Bäumen. Die Rennpferde mit den Reitern im bunten Dress bilden einen farbigen Kontrast.

Die **Haupttribüne**, 1922 nach mehreren Umbauten fertiggestellt, steht unter Denkmalschutz. Der dreigeschossige Klinkerbau faßt 4000 Zuschauer, die große Rennbahngaststätte und einen Teil der Totoeinrichtungen. Unter dem Riesendach trifft sich die bunt gemischte Turfwelt. Begeisterte Sportanhänger stehen neben Snobs. Eifrige Wetter, die nie Zeit haben, nerven die, die alles irrsinnig interessant finden. Fachmännisch gelassen geben sich die Jockeis, Trainer und Besitzer. Wunderschöne Damengarderobe postiert sich neben Jeanskleidung. Feine Leute, Stinos, Yuppies, Gammler und Punks sehen sich die Rennen an. Es wird heiß diskutiert und geflüstert, gejubelt und geschimpft. Gute Tips teilt man nur engsten Freunden mit.

Eine Spezies aber scheint nahezu ausgestorben: der **Rennbahnpenner**. Scharenweise sammelten sie einst Zigarettenkippen auf. Und alte Wettscheine – in der Hoffnung, ein voreilig weggeworfener, noch gültiger könne darunter sein. Vom Verkauf leerer Flaschen und Altpapier finanzierten sie die eigenen Wetten. Wenn das letzte Geld verspielt war, gingen sie betteln oder mußten zu Fuß nach Berlin. Ihre Jagdreviere waren die zweite, die dritte und die vierte Tribüne.

Letztere ist jetzt eine Ruine, die dritte zweckentfremdet. Auf der zweiten Tribüne versammeln sich vor allem Familien mit Kindern, weil diese sich dort besser austoben können. Der Spielplatz liegt in der Nähe. Von dieser Tribüne hat man den besten Überblick über das Renngeschehen. Die genaue Placierung erfährt man ohnehin über Lautsprecher.

Die Sache hat aber einen Haken. Der Besucher der zweiten Tribüne muß weit laufen, um zum Führring zu gelangen und um zu wetten. Acht- oder zehnmal hin und her. Da kommen schnell fünf bis sechs Kilometer am Nachmittag zusammen, dazu das Treppensteigen. Der Rennbahnbesucher wird zum aktiven Freizeitsportler an frischer Luft – ein großartiger, aber nicht unbedingt erwünschter Nebeneffekt. Erst recht kann man Gewicht machen, wenn das achtmal vom Obergeschoß der Haupttribüne aus geschieht. Rauf und runter – der Besuch des Leipziger Völkerschlachtdenkmals ist nichts dagegen.

Die V. I. P. s. geben sich auf der Waagetribüne die Ehre, links vom Zielrichterturm gelegen, ein hübsches altes Bauwerk mit Nobel-Terrasse und dem pikfeinen Restaurant Oleander. Auf dieser Tribüne nehmen seit jeher die Großen der Welt Platz und solche, die sich des Geldes wegen dafür halten. Neidlos gönnt der Hoppegarten-Fan das Privileg den Ehrengästen des Rennvereins und Besitzern der großen Rennställe und Gestüte. Ohne ihr Engagement für den Turf würde das Ganze nicht funktionieren.

An Nichtrenntagen kann indessen jeder das Restaurant Oleander besuchen. Zwar muß er mehr Geld mitbringen als für die Eckkneipe, aber der Blick von der Terrasse auf die ganze Anlage entschädigt jeden.

Manchmal kommen auch Rennbahn-Fremde. Das einzigartige Milieu und die vorzügliche Akustik der Haupttribüne haben die **Neuenhagener Musikfestspiele** veranlaßt, dort Chöre, Solisten und Orchester open air auftreten zu lassen. Das geschieht seit Jahren.

Auf der anderen Seite der Tribünen breitet sich der parkähnliche große Vorplatz aus. Zwischen den

Bäumen stehen das Waagegebäude, die Totohäuschen, Kioske und der Musikpavillon, ein beliebter Treffpunkt, um die bei Massenbesuch verschwundenen Kinder wiederzufinden. Das in Fachwerk gehaltene alte **Waagegebäude** stammt noch aus den Gründungsjahren 1867 und 1868 und steht wie der schilfgedeckte Haupteingang unter Denkmalschutz.

Im Waagegebäude befindet sich das Allerheiligste: die große Waage. Dazu kommen Jockeistube, Rennleitung, Rennbahnbüro und anderes.

Das Schmuckkästchen ist der Führring, der wohl schönste in ganz Deutschland. Dort werden die großen und kleinen Rennwunder vorgestellt. Dort gibt es immer viel zu sehen, nicht nur für die Zocker. Beim Absattelring neben der Waage kann der Besucher seinem vierbeinigen Gewinner oder Verlierer nochmals nachjubeln oder nachtrauern.

Einzigartig für deutsche Verhältnisse sind die drei **Hoppegartener Trainierbahnen**, obwohl der Zahn der Zeit und die Vernachlässigungen in volkseigener Zeit arg an ihnen gezaust haben. Eine dringliche Überholung wurde sofort nach Bildung des neuen Rennvereins Hoppegarten vorgenommen. Die große Wiederaufbereitung wird erst nach Klärung der Eigentumsverhältnisse erfolgen können. Dann werden die Hoppegartener Trainieranlagen ein Supertraining wie in Newmarket oder Chantilly zulassen.

Alle Trainierbahnen sind von Waldstücken umgeben. Das sieht nicht nur schön aus, sondern ist auch äußerst vorteilhaft. Der Wald mildert den Wind, der über das weite Gelände fegt. Im Winter sind die täglichen Ausritte auf den vielen Waldwegen besser geschützt. Im Sommer sorgt die Waldluft für angenehme Kühle. Allein darin ist Hoppegarten allen anderen deutschen Turfplätzen weit überlegen. Die

Waldwege werden geeggt, die eigentlichen Sandbahnen der Trainieranlagen sogar täglich. Insgesamt existieren in Hoppegarten-Neuenhagen rund zehn Kilometer Grasbahnen und zehn Kilometer Sandbahnen.

Hoppegartener Flächen

Rennbahn	70 ha
Neuenhagener Trainierbahn	162 ha
Bollensdorfer Trainierbahn	147 ha
Idea-Bahn	41 ha
Splitterflächen	10 ha
	430 ha

Die größte Trainierbahn befindet sich in Neuenhagen an der Straße nach Hönow. Ein Sandkurs von 3200 Metern Länge und fünf Metern Breite umrahmt drei nebeneinander liegende Grasbahnen. Auf diesen Ovalen könnten glatt Rennen ausgetragen werden. Das Geläuf hätte bis zum Ende des zweiten Weltkriegs ohne weiteres der Rennbahn Konkurrenz machen können. Dort holten sich Deutschlands Superpferde Schwarzgold, Oleander, Magnat, Sturmvogel, Alba, Fervor, Pergolese, Augias, Gradivo und andere die Form für die ganz großen Triumphe. Der Hengst Alba aus dem Rennstall Oppenheim (Schlenderhan), Deutschlands Wunderpferd von 1930, verunglückte dort und wurde am Waldrand begraben. Albas Tod bewegte damals Millionen Menschen.

Heute ist die Neuenhagener Bahn unterfrequentiert. Nur ab und zu bewegt sich dort noch eine Pferdegruppe. Mehrmals hing nach 1945 das Damoklesschwert der Liquidierung über der Bahn. Glücklicherweise wurde 1946 nur das Bahninnere umgepflügt. Man wollte Ackerland gewinnen. Der Boden war aber so mager, daß man den Anbau später wieder aufgab. In den letzten Jahrzehnten vergammelte leider die mustergültige Berieselungsanlage der Grasbahnen. Die Maulwürfe dankten es mit Errichtung zahlloser Hügel.

Auf der **Bollensdorfer Trainierbahn** in der Nähe der Bundesstraße 1 haben die Kinder nach dem Krieg Wild-West gespielt, die ersten Zigarren geraucht, Holz geklaut und für die Rote Armee Kühe gehütet. Viele junge Leute haben dort die ersten Küsse getauscht. Vor 1945 war das nicht möglich. Da wurde die Bahn streng bewacht. Ein Aufseher namens Scharsky fuhr täglich mehrmals mit der Kutsche durch das Gelände und schoß mit der Schrotflinte hinter den Halbwüchsigen her.

Zeitweise diente die Trainierbahn 1945 als Flugplatz für die Doppeldecker der Roten Armee, anschließend ein Jahr lang als Munitionsdepot und seither auch als verdeckte Müllkippe und Schutthalde.

Den drei großzügig angelegten Bollensdorfer Sandstreifen hat das allerdings nicht viel geschadet. Die längste Bahn mißt 3000 Meter und führt als großes Oval an der Bundesstraße 1 vorbei. Für das Intervall-Training oder für kurze, scharfe Galoppe bis 900 Meter eignet sich die Waldseite vorzüglich. Gern schicken die Trainer ihre Pferde auch zu einem kurzen, aber deftigen Galopp den Mühlenberg hinauf. Der schafft Puste, sagen die Reiter. Eine Springkoppel zur Vorbereitung auf Hindernisrennen, ein Grasstreifen mit Hindernissen und zahlreiche Waldwege ergänzen die Sandbahnen zum idealen Trainingsgelände. Den Pferden kann sehr viel Abwechslung geboten werden. In Bollensdorf trainiert halb Hoppegarten.

Die **Idea-Bahn** wurde unweit des Hoppegartener Bahnhofs mitten im Wald angelegt. Sie ist zwar nur

1600 Meter lang, dafür kurvenreich und 10 Meter breit. Dort trifft man vor allem die Pferde der Trainer Egon Czaplewski, Eva-Maria Leistner und Frank Trobisch bei ihren morgendlichen Runden. Eine Senke zum Fließ hin verleiht der Bahn zusätzliche Effekte. Zu den Schwierigkeiten der Idea-Bahn gehören schwere Probesprünge für Jagdrennen. Bis 1990 war sie Tummelplatz des berühmten Graditzer Rennstalles. Dort übten solche Cracks wie Herold, Alchimist, Sichel und Panzerturm, später der legendäre Faktotum oder der eisenharte Marino.

Auf dem leider ziemlich verwahrlosten **Graditzer Hof** – einst eine Musteranlage – existiert noch die gedeckte Reitbahn. 1945 gab es davon in Neuenhagen-Hoppegarten zehn. Dort konnten die Pferde bei jedem Wetter geschützt geritten werden. Die Sache hat aber einen Haken. Starjockeis wie Lutz Mäder, früher Hoppegarten, jetzt Krefeld, beklagten sich oft, wie langweilig es im Winter sein kann, wenn dreimal oder öfter jeweils eine Dreiviertelstunde in der Reitbahn geritten werden mußte.

Eine moderne Reithalle hat Hoppegarten auch. Sie wurde in der Nähe des Kompaktstalles errichtet. Der Andrang ist stets groß. Wenn die Jährlinge im Herbst aus den Gestüten kommen, wird die Zeit für die Halle von den Trainern haargenau eingeteilt.

Der **Kompaktstall** ist ein umstrittenes Objekt am Rande der Rennbahn. Bis zu 240 Pferde können in den Boxen untergebracht werden, geordnet in 12 Abteilungen. Eine große Scheune gehört dazu. Wegen der häßlichen Betonplatten-Bauweise und des Shed-Daches wird die Anlage Pferdefabrik genannt. Bemängelt werden die Enge der Boxen, scharfe Kanten und fehlende Heuböden. Am meisten stört Trainer und Mannschaften, daß ihre Arbeitsplätze so eng gedrängt beieinander liegen. Man kommt sich überall in die Quere. Irgendetwas geheim zu halten, ist ein Kunststück. Doch auf dem Turf bedeuten die großen und kleinen Geheimnisse das Salz in der Suppe.

Dieser Zustand ist der Mangelwirtschaft der DDR geschuldet. Es gab so gut wie keine Baukapazitäten für Rennpferde. Wegen Futtermangel wurde der Pferdebestand scharf begrenzt. Der Kompaktstall war ein halber Schwarzbau. Der damalige Rennbahndirektor Robert Rudolf war ein mutiger Mann. Ohne die 240 Boxen säße der Hoppegartener Turf heute arg in der Klemme. Vielleicht wird man die Pferdefabrik demnächst freundlich anpinseln und mit Bäumen umgeben. Vielleicht wird man sie später abreißen, wenn genügend neue Ställe gebaut sind.

Jeden Morgen herrscht in den Rennställen und auf den Trainierbahnen Hochbetrieb. Der Rhythmus gleicht sich Tag für Tag: Entmisten, Strohbett lockern und sorgfältige Reinigung der Tiere mit Bürsten, Strohwisch und Schwamm, seltener dem alten Striegel. Jeder Pfleger betreut bestimmte Pferde. Die Jockeis helfen mit. Ein guter Betreuer wird in warmen Tönen zu den Tieren sprechen, sie streicheln und ihnen Leckerbissen zuschieben – eine Mohrrübe, einen Apfel, ein Stück Zucker. Ein freundschaftlicher Klaps lockert die Atmosphäre auf. Die Vollblüter danken es mit Zuneigung, eine wichtige Voraussetzung für Training und Können. Das Vertrauen der Tiere zum Jockei kann Gold wert sein. Der liebevolle Kontakt zu den Pferden ist ohnehin eine Kostbarkeit.

Der Futtermeister überwacht das Ganze. Der Trainer überzeugt sich währenddessen vom Wohlbefinden jedes einzelnen Galoppers. Insbesondere fühlt er die Vorderbeine ab, denn sie sind die kritischen Glieder des Rennpferdes. Gefürchtet sind vor allem Überanstrengungen und Verletzungen der Sehnen. Man spricht von regelrechten Berufskrankheiten dieser Tiere.

Der Trainer legt fest, welche Pferde gemeinsam bestimmte Arten und Strecken der sogenannten Morgenarbeit verrichten sollen. Der Variantenreichtum ist groß. Manchmal schaut ein Besitzer herein und möchte wissen, wie es um sein Pferd und seine Perspektive steht. Der Trainer widmet ihm volle Aufmerksamkeit.

Schon reitet die erste Gruppe (man sagt: ein Lot) hinaus. Im Schritt und Trab wärmen sich die Tiere auf dem Wege zur Trainierbahn auf. Trainer und Besitzer sind inzwischen herbeigeeilt und passen genau auf, ob die Anweisungen der Reiter eingehalten werden, wie die Pferde galoppieren und wie sie sich sonst verhalten. Der Trainer bespricht das eine oder andere mit den Jockeis und macht sich schon Gedanken für morgen und übermorgen.

Das Ausreiten erfordert eiserne Disziplin der Mannschaft. Dennoch wird unterwegs geschwatzt und viel gelacht. Auf dem Turf gibt es immer etwas Neues. „Es muß nicht nur in den Rennen klappen. Man muß ständig wachsam sein, irgendein Vogel fliegt auf, ein Geräusch, schon ist das ganze Lot durcheinandergewirbelt", weiß Starjockei Lutz Pyritz, der Lokalmatador.

Zurück ins Quartier geht es dann im ruhigen Schritt. Danach werden die Pferde trockengeführt. Der Trainer kühlt und reinigt sorgfältig die Beine mit dem Wasserstrahl. Die Pfleger reiben die Renner nochmals ab. Dann kommen die Hufe an die Reihe, die ausgekratzt und geschmiert werden. Denn das Schuhwerk muß absolut in Ordnung bleiben. Ein vernachlässigter Huf kann rasch reißen, brechen, sich entzünden. Das würde das Training um Monate zurückwerfen.

Alles wiederholt sich Lot für Lot. Die Jockeis steigen vier- bis fünfmal in die Sättel, an manchen Tagen noch öfter. Ein Mann bleibt währenddessen im Stall, räumt auf, führt die zu schonenden Tiere an das Führkarussel. Damit können gleichzeitig vier Pferde bewegt werden. Andere kommen zur Erholung auf die Koppel. Ein drittes wird longiert, das heißt an langer Leine im Kreis bewegt. Außerdem ist das Futter bereitzustellen. Nach dem Training wird gefüttert, am Nachmittag gibt es die zweite Hauptmahlzeit.

Was frißt ein Rennpferd am Tag? Acht bis zwölf Pfund Hafer und Mischfutter die Stuten, sagen die Trainer, die Hengste zehn bis vierzehn Pfund, Hochleistungsrennpferde manchmal noch erheblich mehr. Dazu kommen Heu, Vitamin- und Mineralzugaben sowie Leckerbissen.

Im Detail bringt jeder Trainingstag Veränderungen. Dafür sorgen allein schon die nervösen Typen oder die Sturköpfe. Wehwehchen, Verletzungen, Krankheiten sind auszukurieren. Bei akuten Verletzungen muß das Tier in die Klinik. Mit großem Geschick und Sachverstand nehmen sich Dr. Jürgen Mill und Dr. Wilfried Richter, Kollegen und Helfer der kostbaren Renner an. Dazu bedarf es einer großen Erfahrung. An Ort und Stelle werden die Vollblüter behandelt. Große Operationen werden freilich in der Tierklinik in Berlin vorgenommen.

Um den **Hufbeschlag** kümmern sich einige Schmiedemeister. Ihr Nestor ist Horst Denker, ein Original und die Ruhe selbst. Großvater Bruno und Vater Heinz haben in Hoppegarten schon Generationen von Rennpferden beschlagen.

Wenn es dämmert, ist der Turfalltag noch lange

nicht zu Ende. Sattelzeug, Arbeitsgeräte und der Stall sind in Ordnung zu halten. Die Jockeis kümmern sich um Rennsättel, Rennkleidung und ihr Gewicht, die Trainer um die Büroarbeit und das Management. Die Fachzeitung Sport-Welt und der Wochenrennkalender sind zu studieren, Kontakte zur Turfnachbarschaft zu pflegen.

Da geht man auch mal ins Logierhaus, ins Oleander, ins Café Grüne Aue oder anderswohin und macht sein Schwätzchen. Montags werden die Rennen im Logierhaus regelrecht nachgeritten. Das ist eine Mischung zwischen Fachdiskussion, Erfahrungsaustausch, Fröhlichkeit, aber auch mancher harten Debatte. Irgendwann muß jeder Trainer und jeder Jockei mal Dampf ablassen. Das gab's im Hoppegartener Logierhaus schon um die Jahrhundertwende und in den fünfziger und sechziger Jahren mit Pan Horalek, Erich Boehlke, Bruno Radach, Willy Tarras, Ewald Schneck oder Pietz Walter Ringewald und wie die Originale alle hießen. Jetzt ist eine neue Generation an der Reihe: Martin, Ecki, Harald, Werner, Wilfried, Jochen, Lutze und können andere Geschichten erzählen. Die anderen Gäste haben ihren hellen Spaß. In beiden Gaststätten finden sich auch gern die Besitzer ein.

Manchmal schweifen die Gedanken voraus. Das Jahr 2000 im Pferdeparadies Hoppegarten stellen sich unverbesserliche Optimisten ganz toll vor:

Das Rennbahngeläuf wird dann auf das Beste hergerichtet sein. Zu den 25 Veranstaltungen (derzeit 18) kommen regelmäßig Gäste aus den Hochburgen des Turfs, also England, Frankreich, Irland, Italien, Skandinavien, Polen, Rußland, Ungarn, ja selbst aus den USA. Weit über 1000 Pferde sind wieder in Hoppegarten stationiert. Man hat wunderschöne, moderne Ställe gebaut, denn die Kontrahenten

Land Brandenburg und Union-Klub haben sich über die Eigentumsfrage verständigt, kooperieren sogar. Die Treuhandanstalt gibt es nicht mehr. 30 000 Besucher und mehr strömen zu den Veranstaltungen und finden auf neu erbauten oder total rekonstruierten Tribünen reichlich Platz.

Fertig sind die erweiterte Haupttribüne mit Fahrstühlen, Verglasung, Heizung, die neue dritte Tribüne mit Gaststätte, die erweiterte Waagetribüne und die schick hergerichtete zweite Tribüne mit Gaststätte. Dazu eine vierte Tribüne, winterfest mit kombiniertem Hotel, Konferenzräumen, Freizeitzentrum, Schwimmhalle und Gaststätte. Eine Aussichtsplattform wird von vielen Neugierigen bevölkert. Rennverfilmung, große Wiedergabeflächen sind selbstverständlich. Die Kioske sind verschwunden und durch Gaststätten und integrierte Verkaufsstände ersetzt. Der Vorplatz ist nun wirklich wieder Parklandschaft.

Um die Rennbahn herum sind alle notwendigen Einrichtungen entstanden. Die auswärtigen Gäste können in Hotels, Wohnheimen und Pensionen aller Preisklassen wohnen. Die Straßen sind in Ordnung, die Parkplätze erweitert. Es gibt ein richtiges Nachtleben in Hoppegarten-Neuenhagen. Das leidige Problem der Staus auf den Autobahnen wird durch moderne Transportvarianten per IC und EC für Pferde und Teams gelöst – eine Frage des Managements und neuer Waggons.

Große Rennställe sind nach Hoppegarten umgezogen, denn wer mit der europäischen Elite mithalten will, kommt nicht mehr mit einer oder zwei übervölkerten Sandbahnen als Trainieranlage aus.

Die Hauptstadt Berlin gibt neue Impulse für einen blühenden Hoppegartener Galopprennsport, denn Berlin ist zu einem Drehpunkt des vereinigten

Europas geworden. Schon wird die Frage nach einer zusätzlichen Galopprennbahn in Berlin aufgeworfen.

Alles nur Visionen?

Nein, denn vieles liegt als Planungsmaterial bereits in den Schubfächern.

Das Vollblutpferd –
von England um die Welt

Kein anderes Tier hat sich in der Geschichte der Menschheit als derart nützlich erwiesen wie das Pferd. Es wurde Wegbegleiter des homo sapiens durch die Jahrtausende.

Die wunderschönen Pferde, die heute auf den Galopprennbahnen der Welt Millionen Menschen begeistern, gehören fast ausnahmslos der erst seit rund 400 Jahren gezüchteten Rasse **Englisches Vollblut** an. Unvergleichlich ist ihre Eleganz, stromlinienförmig die Statur. Aus langen Beinen mit fast zierlichen Röhren und kräftiger Muskulatur erwächst eine atemberaubende Schnelligkeit. Jeder Zoll ihres Körpers strahlt geballte Dynamik aus. Romane, Filme und Sprichwörter preisen ihr sprühendes Temperament und ihre Zuneigung zum Menschen. Thoroughbred Horses sagen die Engländer, was so viel wie vollkommen gezüchtete Pferde heißt.

Der Hauptzweck der Züchtung solcher Pferde war und ist es, mit ihnen Galopprennen zu bestreiten. Aber Pferderennen an sich sind viel älter, wahrscheinlich so alt wie die Gemeinschaft Pferd-Mensch überhaupt. Mit Pferden Wettkämpfe zu veranstalten, muß eine sehr frühe Leidenschaft der Menschen gewesen sein. Nachgewiesen sind solche Rennen mindestens seit den olympischen Spielen im antiken Griechenland etwa 680 v. Chr. Auch Römer, Goten, Franken, Perser Araber, Mongolen, Hunnen und viele andere Völkerschaften liebten schnelle und ausdauernde Pferde und bestritten damit Wettkämpfe. Oft genug dienten diese zugleich der Ertüchtigung von Schlachtrössern und Reitern für die vielen Kriege.

Die besten Pferde waren zu allen Zeiten begehrte Objekte für Bestechungen und für Huldigungen. Welche edle Dame mochte widerstehen, wenn der Anbeter seine Liebesschwüre mit dem Geschenk eines rassigen Pferdes untersetzte? Welche abenteuerlustige Dirn schloß abends die Kammer zu, wenn der flotte Bursche beim Bauernrennen so bravourös gewonnen hatte?

Der moderne Galopprennsport und die damit auf das Engste verbundene Vollblutzucht entwickelten sich keineswegs zufällig in England. Die frühbürgerlichen Verhältnisse brachten eine allgemeine Aufgeschlossenheit, ja Leidenschaft für Jagd und Wettkämpfe, Spiel und Wetten hervor. Es kam mehr Geld unter die Leute, indem sich Kolonialhandel und Manufakturen entwickelten und breitere Gruppen der Bevölkerung – nicht nur der Adel – zu einem gewissen Wohlstand gelangten. Der Renaissance-König Heinrich VIII. (Herrschaftszeit 1509–1547) erwies sich als ein großer Förderer von Pferderennen und eines straff organisierten Gestütswesens. Auch seine Nachfolger nahmen sich wohlwollend der Pferdewelt Englands an.

Die wachsende britische Seeherrschaft begünstigte die Einfuhr orientalischer Pferde nach England. Diese zeigten sich bei Einkreuzung in das bunte Rassengemisch der britischen Landpferde – kleinen, doch flinken und ausdauernden Tieren – als außerordentlich erfolgreich. Die Praxis bewies sehr schnell, daß die so gezüchteten Pferde den zufälligen Produkten der heimischen Pferde bei den überall aus dem Boden schießenden Matches, Gold Cups, King's Plate und Silver Vases klar überlegen waren. Die Rennen führten damals meistens über mehrere englische Meilen.

Entscheidend wurde, daß inzwischen Pferdegeneration für Pferdegeneration gezielt auf Leistung gezüchtet wurde. Dafür gab es letztlich nur einen einzigen Maßstab – nämlich Erfolg bei den immer häufiger werdenden Rennen. Von der neuen Rasse erwartete man Schnelligkeit, Spurtfähigkeit (Speed) für bestimmte Phasen der Rennen, Stehvermögen (Stamina), Härte und die Fähigkeit zur kurzfristigen Erholung (Relaxing).

Die **britische Methode** war ebenso konsequent wie einfach. Nur die besten Hengste wurden mit guten Stuten gepaart – zugleich auch die Härtesten und Gesündesten. Diese Regel wurde durchgesetzt trotz aller Unkosten. Innerhalb von nur 150 Jahren war die neue Rasse fertig. Doch so spontan die Züchter den richtigen Weg herausfanden, so zügellos entwickelten sich die Ereignisse um die Pferderennen. Gewinnbetrug, Bestechungen und Skandale nahmen riesige Ausmaße an. Beteiligt waren alle Schichten der Bevölkerung, vom Adel bis zum Bettler. Die Gambler (Hasardeure) und Black Bookies (nicht gesetzlich eingetragene und nicht Steuern zahlende Buchmacher) hatten das Sagen.

Das langte dem strengen Puritaner Oliver Cromwell, der im Jahre 1654, nach den Revolutionskriegen, die Rennen zeitweilig verbot und später in feste Regeln einbetten ließ. Dennoch war der Lordprotector alles andere als ein Pferdefeind. Vielmehr ließ er in Tutbury die besten Pferde zusammenfassen und sorgte für weiteren Import orientalischer Hengste.

Allmählich verfeinerten sich die Wettkampfregeln. Sichtbaren Ausdruck fand das erstmals 1709 in einem – später regelmäßig herausgegebenen – Rennkalender. Er gilt bis heute als Vorbild im internationalen Turfsport. Seine Grundzüge gehen mit Sicherheit auch auf Cromwell zurück.

1750 entstand der Jockey Club, der nicht etwa ein lustiger Trinkverein der Rennreiter ist, sondern die oberste Rennbehörde Englands. Die fünf Classics – die klassischen Rennen, Kern des Rennsystems in allen Vollblutzucht treibenden Ländern – bildeten sich zwischen 1776 (St. Leger in Doncaster) und 1814 (die sogenannten 1000 Guineas Stakes in Newmarket – bezeichnet nach der damaligen Münze Guinea) heraus.

Das wichtigste davon ist das **Derby in Epsom** bei London (ca. 2400 Meter). Darum ranken sich viele Legenden. Erstmals wurde das berühmteste Rennen der Welt 1780 auf der urkundlich bereits seit 1661 bestehenden Bahn gelaufen. Es gewann der Hengst Diomed im Besitz von Sir Bunbury mit einem Jokkei namens Sam Arnull. Was den Namen betrifft, soll ein hochgeworfener Schilling zugunsten des Earls of Derby entschieden haben. Andere Quellen berichten, einfach aus Höflichkeit dem Gastgeber Lord Derby gegenüber habe man bei der Gründungsparty sich für den Namen Derby entschieden. Der Name Derby gefiel vielen so gut, daß es jetzt auch Lokalderbys im Fußball, Rudern, Boxen und anderen Sportarten gibt.

Epsom Derby, Lord Derby, steife Herren in Frack, Zylinder und feinsten Wollhosen mit Nadelstreifen und dem unvermeidlichen Fernglas sind jedenfalls Turfsymbole der britischen Oberschicht geworden. Statussymbole zugleich und dankbare Objekte für Karikaturisten und Filmleute. Der eigentliche Sport aber war von Anfang an volkstümlich, leidenschaftlich, ein bißchen verrückt, humorvoll und immer faszinierend wie heutzutage in aller Welt.

Doch zurück zur **Vollblutzucht.** Von größter Bedeutung war die Einführung des sogenannten General Studbook im Jahre 1791. Es wird seitdem fortgeschrieben in allen Ländern geführt. Nach neuesten Forschungen sind darin 103 orientalische Hengste und 43 Stuten des Rassengemischs mit ihren Nachkommen verewigt. Sie bilden den eigentlichen Stamm der 800 000 Vollblutpferde der Welt. Als Vollblutpferd wird heutzutage nur anerkannt, wenn seine reinrassige Abstammung seit mindestens acht Generationen in den Gestütsbüchern nachgewiesen werden kann.

Dahinter verbirgt sich eine extreme Auslese, die auch vor Inzuchten, ja Inzestzuchen (Paarung engster Blutsverwandter) nicht zurückschreckte, Ziel war immer das noch schnellere, noch härtere, noch gesündere Rennpferd.

Trotz der 103 im Studbook aufgeführten orientalischen Hengste gelten nur drei als die eigentlichen **Stammväter der Vollblutzucht:** Byerly Turk, Darley Arabian und Godolphin Arabian. Alle drei sind Orientalen. Zeitgenössische Bilder lassen erahnen, daß die beiden Erstgenannten Araberhengste waren, Letzterer wohl ein Berber. Byerly Turk kam 1684 via Türkei über das belagerte Wien als Kriegsbeute nach England. 1704 folgte ihm per Schiff, im damals türkischen Aleppo gekauft, Darley Arabian als wichtigster Zuchthengst der Welt. Von ihm stammen die allermeisten der 800 000 Vollblüter mindestens einmal, sehr häufig mehrmals ab. Godolphin Arabian kam via Marokko und Paris 1724 nach England. Es steht geschrieben, daß der französische König Ludwig der XV. ihn eine Zeitlang in seinem

Marstall stehen hatte. Warum er ihn verkaufte oder verschenkte, ist unbekannt.

Die Verbindung der drei Turfgiganten, wie man heute zu sagen pflegt, ergab nach einigen Generationen drei Stämme der Vollblutzucht, die die Turfarenen bevölkern: Herod, Matchem und Eclipse.

Die Rennen führten anfangs über mehrere Meilen (4800 bis 9600 Meter). Sie verliefen in ruhigem Tempo und wurden in einer Spurtphase (Speed) entschieden. Sehr rasch fand man heraus, daß kürzere und schnellere Rennen mit leichteren Reitern sowohl der Zuchtauslese als auch der Spannung auf den Rennbahnen und der damit zusammenhängenden Wetterei weitaus dienlicher waren. So wurden Rennen zwischen einer und drei Meilen immer häufiger. Nicht selten wurde dem eigentlichen Wettbewerb ein Versuch (Trial) voran angestellt. Mit den langen Kerlen auf dem Rücken mußten die Pferde wirklich alles hergeben.

Von England aus verbreiteten sich die modernen Galopprennen und die Vollblutzucht sehr rasch. Die eine Hauptrichtung führte zwangsläufig nach den damaligen Kolonien Nordamerika und Australien. Die riesigen Weideflächen auf fruchtbarsten Böden und das milde Klima, etwa in Kentucky, Tennessee und Pennsylvanien, eignete sich ideal für die Zucht von Rennpferden. Daß die dramatischen Pferderennen überdies zum Erfindungsgeist, Goldrausch und Abenteuertum in der Neuen Welt paßten, versteht sich von selbst.

Fast nichts hat später die internationale Vollblutzucht so stark verändert wie der **Einfluß aus den USA und Kanada.** Die Amerikaner fanden heraus, daß der moderne Rennsitz der Jockeis, eigentlich eine Reithaltung stehend in den Steigbügeln, entschieden vorteilhafter ist. Affensitz nannten ihn die Europäer verächtlich, bis ihnen das Spotten verging. Er ist windschlüpfriger, verbessert das Gleichgewicht auf dem Rücken des Pferdes und entlastet die beim scharfen Galopp so wichtige Hinterhand des Tieres. Der Amerikaner Tod Sloan brachte den Sitz um die Jahrhundertwende nach Europa und auch nach Deutschland, wo man vorher nur stocksteife Herrenreiter in den Sätteln kannte. Bilder und Karikaturen aus jener Zeit hängen noch heute in den Rennklubs.

Die gesamte Einstellung zu den Rennen änderte sich. Kleine, drahtige Jockeis mit V-Figuren traten an die Seite der langen Kerle. Die Gewichte verringerten sich kraß. Die Rennen wurden noch kürzer und schneller. Go and win hieß das neue Motto: vom Start weg zu führen und gewinnen. Stoppuhren begannen ihren Siegeszug im Training und Wettkampf. Der Boxenstart kommt auch aus Amerika. Überdies machten die Vorteile amerikanischer Weidehaltung auf riesigen Flächen, moderne Stallhygiene mit luftigen, hellen Boxen, Zufütterung von Mineralstoffen großen Eindruck auf die Europäer und wurden übernommen.

Die andere Hauptentwicklung des modernen Rennsports führte über Frankreich, Österreich-Ungarn und Deutschland, und später auch über Italien, Ost- und Nordeuropa. Überall spielten militärische Aspekte eine Rolle. Das Vollblutpferd war geeignet wie kein anderes, die heimischen Remonten für die Kavallerie zu veredeln.

Die Kaiser Napoleon I. und III. liebten schnelle Pferde und schöne Frauen. Der Korse führte schon 1806 Frankreichs Rennordnung ein. Unter ähnlichen klimatischen Bedingungen und Bodenverhältnissen wuchs auf großen Weideflächen der Normandie ein Vollblutpferd heran, das dem englischen nicht nachstand. 1865 brach der französische Spitzenhengst Gladiateur in das Allerheiligste des britischen Turfs ein und gewann das Epsom Derby. Frankreich mit dem immer auf Spekulationsgewinne bedachten Napoleon III. vervollkommnete das staatlich geschützte Wettsystem des Totalisators (Toto), das bis heute Vorbild auch bei uns ist.

Das Prachtpferd der Donaumonarchie hieß Kincsem. Die Wunderstute, geboren 1875 im ungarischen Kisber, stammte von einem englischen Zuchthengst ab. Ihr erstes Rennen lief sie in Hoppegarten, ihr wichtigstes in Goodwood (England), ein anderes in Baden-Baden, weitere auf verschiedenen europäischen Rennbahnen. Kincsem gewann alle 54 Rennen, die sie bestritt. Bis 1955 war das Weltrekord.

Nach Deutschland gelangte die Vollblutzucht über Mecklenburg. Als Begründer gelten die Gebrüder von Biel. In Zierow, ihrer mecklenburgischen Heimat, befand sich damals ein Zentrum für die Zucht von Kavalleriehengsten. Einer der Gebrüder kannte England und hatte in der Schlacht von Waterloo gegen Napoleon die Vorzüge der Wellingtonschen Reiterei kennengelernt.

Bad Doberan erlebte am 22. August 1822 die erste als modern anzusehende deutsche Rennveranstaltung. Man hatte gerade nach englischem Muster die Ostseeküste für Heilkuren entdeckt. Was lag näher, als die Kur-Langeweile durch ein Spektakel mit Pferderennen und Wetten zu vertreiben? Dort ging auch Kincsem an den Start. Bis 1945 fanden in Bad Doberan Galopprennen statt, zuletzt als Gaudi sowjetischer Soldaten mit allen möglichen Gäulen der Umgebung.

Überall in Deutschland fand man schnell Geschmack an Rennbahnen. 1833 eröffnete Breslau, 1835 Königsberg, 1836 Düsseldorf seine Turf-Ära. In den Mittelpunkt rückte das aufstrebende Preußen, dessen Militär- und Junkerkaste im Herrenreitertum eine ideale Freizeitbeschäftigung besaß. Die Literatur jener Zeit ist voll von Geschichten über Herrenreiter und arme, tugendhafte Stubenmädchen. Die Wettschulden waren auch nicht von Pappe.

Im Jahre 1829 sah Berlin seine ersten offiziellen Rennen auf einer primitiven Bahn in Lichterfelde, sozusagen auf halbem Wege zwischen Stadtzentrum und Potsdam. Kein Geringerer als König Friedrich Wilhelm III. machte sich zum Schirmherrn der Rennvereine, dem sich in rasch zunehmender Zahl auch Bürgerliche anschlossen.

Das große Verdienst des Rennvereins war die Schaffung eines einheitlichen Reglements, insbesondere zur Identifizierung der teilnehmenden Pferde. Denn wie man wußte, forderte das Wetten den einen oder anderen Hasardeur oder verkrachten Herrenreiter zu Schiebungen heraus, was nicht zur preußischen Redlichkeit paßte.

Auch in Berlin-Tempelhof, in der Nähe des Bahnhofs Papestraße, bestand zeitweilig eine Rennbahn. Dort wurden von 1834 bis 1867 die berühmten Union-Rennen unter klassischen Bedingungen gelaufen. Die Hengste trugen nach englischen Erfahrungen zwei Pfund mehr, um einen natürlichen Kräftevorteil auszugleichen. Das Prinzip gilt heute für alle klassischen Rennen der Welt.

Das zuerst über 2400 Meter, dann über 2800 Meter und ab 1880 über 2200 Meter führende Union-Rennen zählte fortan zu Deutschlands wichtigsten Dreijährigen-Rennen. Später, bis 1944 war es stets der große Hoppegartener Frühjahrsschlager.

Schon 1867 wurde das **Union-Rennen** international ausgeschrieben. Man hatte keine Angst vor überlegenen Gästen aus Frankreich oder Österreich-Ungarn. Die deutsche Vollblutzucht war in kurzer Zeit
dank der Zuführung englischer Importe erstarkt. Im
königlichen Hauptgestüt Graditz bei Torgau, auf den
riesigen ostelbischen Gütern und in den klimatisch
günstig gelegenen Gestüten des Rheinlands und Hes-
sens wuchsen schnelle Pferde auf.

Vom Union-Rennen abgeleitet – und nicht umgekehrt wie oft zu lesen – ist der Name Union-Klub.
Er wurde 1867 in Berlin gegründet. Die Praxis der
überall in Deutschland vor sich hinwerkelnden über
30 Rennvereine machte einen Dachverband wie in
England und Frankreich erforderlich. Das Ganze
lief nicht ohne Querelen ab. Sehr wohl setzten sich
progressive Vertreter des Hochadels leidenschaftlich
dafür ein. Doch zahlreiche prominente Mitglieder
der erzkonservativen preußischen Regierung waren
dagegen. Dazu kamen das Gerangel der nach vorn
drängenden Bürgerlichen und regionale Eifersüchte-
leien. Doch am Ende war es ein Ereignis von natio-
nalem Rang. Mit der Gründung des Union-Klubs
unter seinem ersten Präsidenten, Fürst zu Hohenlohe-Oehringen, wurde auf dem Gebiet des Rennsports und der Pferdezucht die Reichsgründung vor-
weggenommen.

Die gerade erworbenen Ländereien in Dahlwitz-
Hoppegarten bei Berlin gaben fortan die territoriale
Basis für den Union-Klub ab. Der Klub, Hoppegarten, der gesamtdeutsche Galopprennsport und seine
züchterische Basis bildeten fortan bis 1945 eine feste Einheit.

Am 17. Mai 1867 fanden in Hoppegarten die ersten
Rennen statt, Beginn eines grandiosen Aufschwungs

des deutschen Turfsports. Zwischen 1928 und 1944 erlebte er seine Blütezeit. Hoppegarten wurde die große Trainingszentrale, von der aus fast täglich Dutzende von Pferden per Eisenbahn später auch per Transportauto zu den Turfplätzen in ganz Deutschland fuhren.

Nach Irrungen und Rückschlägen war der Anschluß an die europäische Elite gelungen, obwohl Deutschland in der Zahl der Mutterstuten weit hinter England, Frankreich und Irland zurückgeblieben war. Große Züchter wie Lehndorff, Renard, Weinberg und Oppenheim hatten es geschafft. 1927 und 1929 unterlag der Hengst Oleander aus dem Oppenheimschen Gestüt Schlenderhan beim Prix de l'Arc de Triomphe in Paris gegen Europas Elite nur knapp. 1935 besiegte der Schlenderhaner Sturmvogel beim Großen Preis der Reichshauptstadt den französischen Klassehengst Admiral Drake. 1936 schlug die Stute Nereide Europas Spitzenpferd Corrida (Frankreich) in München. Durch Pech im Rennverlauf durch ungünstigen Startplatz und folgenden Umweg konnte Sturmvogel den Sieg von Nereide gegen Corrida 1937 zwar nicht wiederholen, doch war das alles andere als eine Schande. 1940 besaß das Gestüt Schlenderhan die Wunderstute Schwarzgold, die ihre wichtigsten Aufgaben wie Derby und Großen Preis der Reichshauptstadt im Spaziergang erledigte und mit Riesenvorsprung gewann. Ihr Unglück war, daß der zweite Weltkrieg die Begegnung mit Frankreichs und Englands Turfrasen verhinderte. Das galt auch für den großartigen Hengst Ticino, den König von Hoppegarten, später das deutsche Zuchtwunder mit internationaler Ausstrahlung.

Erst 1975 konnte wieder ein deutsches Pferd an diese Glanzleistungen anknüpfen: Star Appeal, der

Sieger vom Prix de l'Arc de Triomphe (Paris), vom Gran Premio di Milano (Mailand) und in den Eclipse Stakes (England). Der Hengst Lomitas, Aufsteiger der Saison 1991 und 1992, läßt ähnliches Format vermuten.

Inzwischen wird die Vollblutzucht in mehr als 100 Ländern betrieben. Einen großen Aufschwung zeigen die englischen, französischen, irischen, italienischen, australischen, neuseeländischen, südafrikanischen, brasilianischen, argentinischen, neuerdings japanischen und vor allem die nordamerikanischen Gestüte. Nach Armin Basche gab es 1980 allein in den USA rund 70000 Mutterstuten, in Australien 44387, in Argentinien 17605, 12861 in Japan, in Großbritannien 10650, in Irland 7400 und in Frankreich 6015. Die 2143 bundesdeutschen Mutterstuten nahmen sich dagegen bescheiden aus, die 300 volkseigenen Mutterstuten der damaligen DDR geradezu wie ein Sparprogramm.

Die Wettumsätze und Rennpreise erreichen jetzt in vielen Ländern gigantische Höhen. Teure und superteure Vollblüter zu züchten, zu besitzen und zu kaufen gilt als „in". Doch wachsen die Bäume nirgendwo in den Himmel. In vielen Rennvereinen zwischen Tokio, Paris und Honolulu kriselt es. Englands Trainingsbetrieb gilt als überteuert. Die weltberühmte Calumet Farm in Kentucky, viele jahrzehntelang führend in der Zucht erstklassiger Vollblüter, kämpft um ihre nackte Existenz. Andererseits verhalfen selbst Massenkäufe teuerster Renn- und Zuchtpferde dem japanischen Turf noch nicht zu einem sensationellen Supersieger vom Schlage eines Ribot, Sea Bird, Nijinski, Kelso, Northern Dancer, Nashua oder Generous. Gutes Ding braucht Weile auch auf dem Turf.

Eclipse war das erste Wunderpferd der Turfgeschichte. Vielleicht hätte es den Ururenkel des berühmten Darley Arabian gar nicht gegeben, wenn
die Mutterstute Spiletta nur vom erfolgreichen
Hengst Shakespeare gedeckt worden wäre. Doch der
Züchter war sich nicht sicher, ob die Stute wirklich
befruchtet war und gestattete daher dem gänzlich
bedeutungslosen Hengst Marske auch die Paarung.
Eine unbefruchtete Stute bedeutet nämlich für ein
Jahr weggeworfenes Geld.

Das Fohlen kam 1764 zur Welt und überragte alle
anderen Vollblüter jener Jahrzehnte. Wer der Vater
war, blieb zweifelhaft. In einer großartigen Rennkarriere gewann Eclipse alle 18 Rennen, die er absolvierte. Kein Weg wurde ihm zu weit, kein Speed war
zu schnell. Es hieß, daß er mit jeder Action (Galoppsprung) gegen die Rivalen Boden gewann.
Mehrmals kniffen die Gegner. Da ging er allein um
die Bahn. Walkover nennen das die Engländer.

Bei einem King's Plate (großes Rennen) gewann
Eclipse mit großer Überlegenheit. Überglücklich rief
sein Besitzer O'Kelly aus: Eclipse first, and the rest
nowhere! (Eclipse zuerst und der Rest nirgends.)
Der gleiche Zauberspruch hätte vielleicht für
Schwarzgold 1940 beim Hoppegartener Großen
Preis der Reichshauptstadt gegen erstklassige deutsche Pferde verwendet werden können oder vielleicht beim neuen deutschen Superpferd Lomitas
im Großen Preis von Baden 1991.

Eclipse erwies sich später als Volltreffer in der
Zucht. Seine 344 Nachkommen gewannen zusammen 862 Rennen, darunter drei Derbys. Hauptsäch-
lich über Eclipse ist die Hengstlinie des Darley Arabian im 800 000 Tiere zählenden Vollblutbestand
der Welt massenhaft vertreten. Ein Kuriosum: Wegen seines rüden Benehmens als junges Pferd wäre

Eclipse beinahe kastriert worden. Wallache sind nämlich friedfertiger als Hengste. Interessant, interessant! rufen seither Damen aus, wenn davon in Tischrunden mit Reitern erzählt wird.

Der berühmteste aller Wallache hieß Kelso und war schon als junges Pferd ein richtiges Untier. Daher ließ man ihn legen, wie das häßliche Wort Kastration im Fachjargon freundlich umschrieben wird. Freilich konnte 1957 niemand ahnen, welchen Verlust die internationale Vollblutzucht damit möglicherweise erlitt. Kelso gewann nämlich 39 Rennen, war in acht Rennjahren der vielleicht härteste aller Vollblüter, kassierte nahezu 2 Millionen Dollar (damals über 7 Millionen DM) und galt für lange Zeit als erfolgreichstes Pferd der Welt. Einen Rekord stellte er auch auf. Er durchmaß die 2400 Meter des Washington D. C. International auf einer Grasbahn gegen internationale Elite in sagenhaften 2:23,8 Minuten. So steht es im Guiness Book of Turf Records. Zum Vergleich: Den Hoppegartener Bahnrekord für 2400 Meter erzielte 1991 der Hengst Obrero in 2:27,0 Minuten.

Es gibt auch ein deutsches Wunderpferd, das eine zweifelhafte Vaterschaft hat. Das war die in Hoppegarten trainierte und in zwölf Rennen ungeschlagene Stute Nereide vom Gestüt Erlenhof. Innerhalb einer Woche gewann sie in Hamburg zwei große Rennen, darunter das Deutsche Derby in Rekordzeit von 2:28,8 Minuten. Dieser Rennrekord gilt bis heute, wurde lediglich 1973 vom erstklassigen Hengst Athenagoras eingestellt. 1936 vollbrachte die entweder vom Derbysieger Graf Isolani oder von dem unbedeutenderen Laland stammende Nereide das Kunststück fertig, Frankreichs Spitzenpferd Corrida zu schlagen.

Berühmte Bahnen

In England existieren derzeit 62 Rennbahnen, in Deutschland 43, sechs davon in den neuen Bundesländern. 1993, während Hoppegarten das hundertfünfundzwanzigste Jubiläum feiert, wird Bad Doberan sozusagen auf der grünen Wiese wieder eröffnen. Der deutsche Turf kehrt an seinen Ausgangsort zurück.

Jeder Rennplatz hat seine eigene, liebenswürdige und unverwechselbare Note. Sie liegt in den Feinheiten. Englands Allerheiligstes ist das **Epsom Derby**, wo Europas beste Dreijährige schon im Mai am Tattenham Corner in die Entscheidungsschlacht gehen und die Maker (die Buchmacher) sich mit ihren Wettangeboten überschlagen. 150 000 Besucher kommen bei schönem Wetter wie zu einem Volksfest. Nur etwa 20 000 Besucher zählen als eigentliche Fans. Sie verfolgen vom ersten bis zum letzten Rennen jede Phase mit dem Fernglas und sorgen für die Riesenumsätze bei den Buchmachern und am Toto. Trotz zahlreicher Superrennen in aller Welt gilt der Sieg im Epsom Derby noch immer als die begehrteste aller Trophäen.

Oder ist **Royal Ascot** das eigentliche Mekka des Turfs? Die feierliche Auffahrt der Queen und ihrer Familie, das wollen alljährlich Zehntausende aus aller Nähe miterleben. Ihre Majestät unterhält einen eigenen Rennstall und gilt als höchst sachkundig,

*uer Anfang 1946: Mit 7 Rennen star-
ꞇe Hoppegarten in die Nachkriegszeit.
ter den Ehrengästen Wilhelm Pieck,
d der Berliner Oberbürgermeister
thur Werner.*

ERÖFFNUNGSRENNEN
in
HOPPEGARTEN

Sonntag, den 14. Juli 1946, 15 Uhr

7 GALOPPRENNEN

Fahrverbindung: Mit der S-Bahn bis Mahlsdorf, ab Mahlsdorf Pendelzug bis Hoppegarten. Fußweg von Bhf. Mahlsdorf bis zur Rennbahn (40 Minuten)

Nächster Renntag: Sonntag, den 21. Juli 1946.

Damit hatten in dem ehemaligen gesellschaftlichen Zentrum der im Unionklub vereinten Kräfte des deutschen Imperialismus endgültig die Entwicklung von Pferdezucht und -sport unter Führung der Arbeiterklasse begonnen

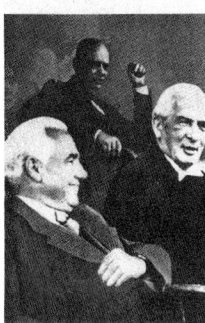

Eröffnungsveranstaltung des Volkseigenen Rennbetriebes Hoppegarten am 14. Juli 1946. Wilhelm Pieck und weitere Persönlichkeiten, die den neuen antifaschistisch-demokratischen Weg unserer Entwicklung verkörpern, sind herzlich willkommen geheißene Ehrengäste

*ppegartens erfolgreichster Jockei,
on Czaplewski, nach seinem
00. Sieg am 5. Dezember 1965*

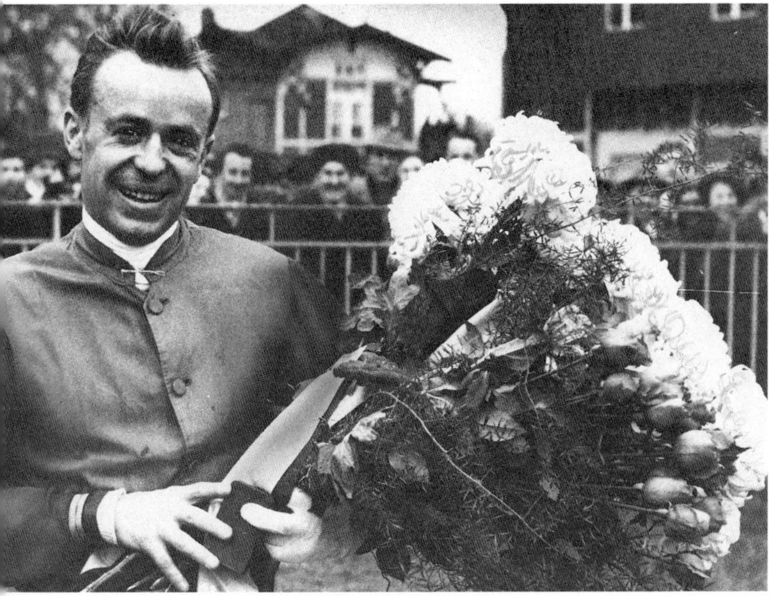

Die Haupttribüne in Hoppegarten zu Beginn des Jahrhunderts

*chskanzler Otto von Bismarck hier als Reiter in
edrichsruh, gehörte zu den ersten Förderern Hoppegartens*

nhof und Parkplätze in Hoppegarten im Jahr 1938 (links)

Reichskanzler Paul von Hindenburg in Hoppegarten. Nach ihm war ein Rennen benannt

Leutnant Sven von Mitzlaff, hier auf Stahlhelm, war einer der erfolgreichsten deutschen Reiteroffiziere der dreißiger Jahre und später Startrainer (rechts oben)

Naziprominenz in Hoppegarten. Hermann Göring überreicht die Goldene Peitsche (rechts)

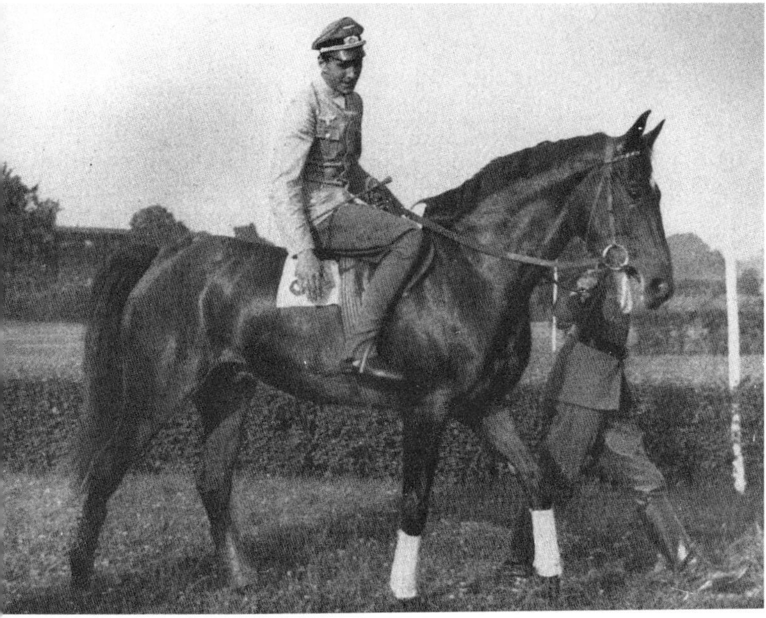

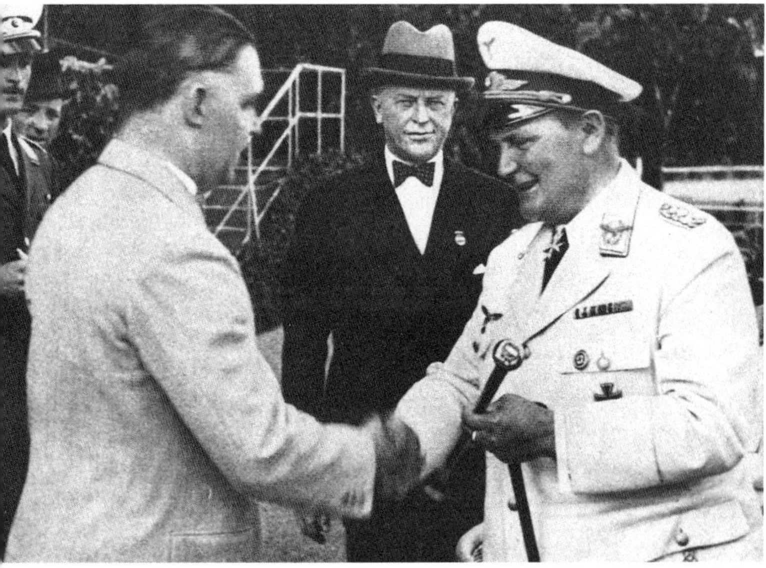

Auf der Bollersdorfer Trainierbahn in den dreißiger Jahren

Vor der alten Waage beim Union-Rennen 1910

alte Startmethode: Ein hochschnellendes Gummiband

...detag in Hoppegarten in den dreißiger Jahren. Vorn
...kei Otto Schmidt

Sturz am Hindernisgraben. Unfälle überschatten manchmal einen Galopprenntag

auch wenn in ihrem Besitzstand die ganz großen Cracks in letzter Zeit rar geworden sind. Prinzessin Anne ist führende Funktionärin des internationalen Reitsports und selbst eine gestandene Rennreiterin. Die Rennkünste ihres Bruders, des Prinzen of Wales, geben dagegen eher Anlaß für Medienhäme. Der Königinmutter wird nachgesagt, daß sie eine Königin am Totalisator ist und manchen heißen Draht zu den Buchmachern hat.

Großzügig ziehen sich Trainingsbahnen und Rennbahn im ehrwürdigen **Newmarket** im Nordosten Englands dahin; Dort trifft sich in der weiten Landschaft die große Turfwelt zum Frühjahrsmeeting, wenn die klassischen Dreijährigen-Rennen 1000 Guinea Stakes und 2000 Guinea Stakes gelaufen werden. Dort gibt es Pferdeauktionen, auf denen die ganze Welt einkauft. Hoppegarten ist nach diesem Vorbild geschaffen worden. Andere populäre Turfplätze Englands sind Doncaster, Goodwood und York.

Aintree bei Liverpool ist mehr berüchtigt als berühmt durch das schwerste Jagdrennen der Welt. Die besten Hindernispferde treffen dort im zeitigen Frühjahr bei der Grand National Steeplechase aufeinander. Es geht über enorme 7218 Meter. Tierschützer bezeichnen solche Hindernisse wie den „Becher's Brook" oder den „Chair" als Mordinstrumente. Aus Ehrgeiz und Geldgier werden immer wieder ungenügend vorbereitete Hindernispferde in ein Rennen geschickt, das auf schwerem Boden allerhöchste Kondition erfordert.

Die Hindernisse müssen aus vollem Renntempo genommen werden. Das kann nicht jeder. Andererseits: Hervorragende Hindernispferde wie in den sechziger Jahren der berühmte Schimmel Nicolas Silver haben durch Mehrfach-Siege und oftmalige

Teilnahme längst bewiesen, daß die sportliche Höchstleistung zu schaffen ist. Und Olympias Military ist ja auch eine Strapaze in Reinkultur.

Als modernste Großbahn Europas gilt **Longchamp in Paris**, idyllisch im Park Bois de Bologne gelegen. Fast alles was das europäische Rennwesen revolutionierte, wurde dort ausprobiert: So die australische Startmaschine mit den hochschnellenden Gummibändern Ende der zwanziger Jahre und später die amerikanischen Startboxen, so auch der Elektronentoto und die Rennverfilmung. Selbst die großen Damenhüte, untrügliches Rennbahnsymbol, stammen aus Longchamp. Ein Wunder ist es nicht, denn die Pariser Modeindustrie und der Turf wohnen in der Weltstadt Paris um die Ecke.

Der Französische Rennsport hat höchstes Niveau. Als 1951 dem deutschen Derbysieger Neckar mit dem Jockei Otto Schmidt ein bedeutender Sieg in Paris gelang, sprach man von einer Sternstunde des deutschen Turfs. Aus Hoppegarten war Otto-Otto damals gerade 20 Monate weg. Seine Heimatbahn lahmte nach dem schlimmsten aller Kriege mit nicht viel mehr als hundert Pferden durch die Zeit.

Jedes Jahr Anfang Oktober erlebt die Turf-Welt in Longchamp eine glanzvolle Rennwoche, auf der selbst der französische Staatspräsident sich die Ehre gibt. Gelaufen wird vor allem der Prix de l'Arc de Triomphe über 2400 Meter. Trotz der amerikanischen Superwettbewerbe gilt der Arc immer noch als Rennen aller Rennen, denn es geht um den wichtigsten Jahrgangsvergleichskampf der dreijährigen und älteren Pferde Europas.

In den **USA** gibt es jeden Tag Dutzende von Rennveranstaltungen mit jährlich etwa 250000 Rennen.

Ein gut gemanagter Jockei kann innerhalb von 24 Stunden gleich mehrere Plätze bedienen. Die Churchill Downs und Belmont Park unweit von New York, der Hollywood Park in Kalifornien, der Gulf Stream Park in Florida und die Kentucky-Bahn für die Austragung des Derbys gelten als die Super-Plätze. High Tec, Wilder Westen, American Business, Las Vegas, Zocker und ganz großer Pferdesport kommen beim Kentucky Derby an einem Nachmittag zusammen.

Auch anderswo in der Welt, zum Beispiel in **Rio de Janeiro, São Paolo, Buenos Aires** und **Montevideo**, geht es bunt und turbulent zu, aber doch mit eigenen Noten. Englischer wirken Sydney, Melbourne oder Wellington, und haben doch die unverwechselbare Note des Abenteuerlichen von Einwanderungsländern.

Der **Nahe Osten** hat seine berühmtesten Rennbahnen in Kairo und in Dubai am Golf. Auf der Rennbahn von Saigon in Vietnam, ein französisches Kolonialerbe, fanden die Pferderennen noch statt, als 1975 der Vietcong schon die Vororte eroberte. Es wird erzählt, daß die Amerikaner am Ende noch einige Spitzenpferde ausgeflogen haben sollen – makabrer Beigeschmack eines erbarmungslosen Krieges, aber eben auch ein Kapitel Pferderennsport.

Und **Japan?** Das ist die aufstrebende Vollblutnation a la carte. Wie fast alles im Land der aufgehenden Sonne werden Vollblutzucht und Pferderennsport industriemäßig betrieben. Auf engstem Raum ballen sich in Tokio, Osaka und anderen Großstädten Rennbahnen, Trainieranlagen, Ställe, modernster Service und Massenpublikum.

Der neueste Turfschlager heißt **Hongkong**, das mit Zollfreiheit einen Massentourismus anlockt. Tokio wird wohl bald überrundet sein: an Besucherzahlen, Wettumsätzen und Klassepferden. Lester Piggott, derzeit einer der berühmtesten Jockeis der Welt, kam nach der deutschen Vereinigung geradewegs aus Hongkong, um in Hoppegarten zu reiten.

Ein Erlebnis besonderer Art ist das **Moskauer Hippodrom** unweit des Belorussischen Bahnhofs. Die Anlage wird von Galoppern, Trabern und anderem Pferdesport gemeinsam genutzt. Der Baustil der Tribüne erinnert an die Stalinzeit. Sandbahn, Linkskurs und moderne Ställe seien erwähnt. Am Führkarussell wurden die Pferde schon in den fünfziger Jahren vorteilhaft bewegt, abgeschaut von den Trabern. Publikum, Kleidung, Rennfarben – vieles hat seinen exotischen Touch. Die Wettkämpfe sind taktisch nicht so ausgefeilt. Selten wird mit knappen Abständen gewonnen. Aber das Verhalten des Publikums könnte auf jede andere europäische Rennbahn passen.

Als große Welt des deutschen Turfs gelten die beiden Meetings in **Baden-Baden** (Mai und August/ September) und die **Hamburger Derbywoche** (Ende Juni/Anfang Juli). Der Große Preis von Baden und das BMW Deutsche Derby repräsentieren allerbeste Renntradition. In Baden-Baden gibt sich das Publikum elitärer, in Hamburg bürgerlicher.

Der europäische Rennsport wächst zusammen, ab 1993 auch beim Derby in Hamburg. Die Rennbahn in Iffezheim bei Baden-Baden gilt als landschaftliche Perle. Den Rennbahnbesuch mit einem Bummel durch die weltberühmte Kurstadt so mit Spielbank und Therme zu verbinden, ist allemal ein lohnenswertes Ziel.

In sportlicher Hinsicht und als Trainingsquartier hatte die **Kölner Rennbahn** in der Nachkriegszeit manche zentrale Funktion Hoppegartens übernommen. Dort arbeitet Deutschlands erfolgreichster Trainer Heinz Jentzsch, ein Ex-Hoppegartener, neben anderen prominenten Meistern seines Fachs. Im Weidenpesch werden Großereignisse wie der Geno-Preis von Europa, das alte Union-Rennen und das klassische Mehl-Mühlens-Rennen gelaufen, vergleichbar den 2000 Guineas Stakes von Newmarket. Die Anlage ist eine Oase der Großstadt, das Publikum bekannt für seine Schlagfertigkeit und Fairness. In Köln ist auch der Sitz des Dachverbandes des deutschen Galopprennsportes und der Vollblutzucht nämlich des Direktoriums für Vollblutzucht und Rennen e. V.

Eins haben fast alle deutschen Rennbahnen gemeinsam: Sie sind Erholungsidyllen inmitten oder am Rande der großen Städte und Ballungsgebiete. Das gilt für Hamburg und Köln, aber auch für die sehr schöne Anlage auf dem Düsseldorfer Grafenberg, oder die Linksbahnen in München-Riem und Frankfurt-Niederrad, letztere mit ihrer hochmodernen Tribüne und in reizvollem Zusammenklang mit den Wolkenkratzern der Finanzmetropole.

Hochmodern ist auch die Rennbahn auf der neuen **Bult in Hannover.** Dort hat sich ein Schwerpunkt des Hindernissportes herausgebildet. Industrieanlagen im Hintergrund kennzeichnen die grünen Oasen in **Gelsenkirchen-Horst** oder auf den **Passendorfer Wiesen in Halle,** ganz im Grünen liegen die Bahn im **Krefelder Stadtwald** und die **Magdeburger Anlage am Herrenkrug.** Ein Schmuckkästchen ist das **Leipziger Scheibenholz** mitten in der Stadt, eine Rennbahn für die vierbeinigen Kurvenspezialisten, denn sie besteht überwiegend aus Rundungen. **Dresden** hat eine schöne Anlage mit einer ehrwürdigen denkmalgeschützten Holztribüne und mit Hügeln als Hintergrund. **Dortmund-Wambel** läßt als bisher einzige Bahn in Deutschland auch Winterrennen unter Flutlicht zu. Mülheim/Ruhr – dort wird der klassische Preis der Diana über 2200 Meter gelaufen – Bremen und die gut überschaubare Anlage in Neuss haben auch ihre Vorzüge.

Ein Genuß ist der Besuch der **Gothaer Rennbahn auf dem Boxberg** wegen der landschaftlichen Schönheit und der gut erhaltenen alten Gebäude. **Bad Harzburg** mit seiner Rennwoche im Juli wird ebenso wie die südwestdeutschen und die norddeutschen Rennbahnen von kleinen Rennställen bevorzugt. Den Charakter von Volksfesten haben die Turf-Veranstaltungen dort allemal.

Karrieren, Klatsch und Turfgeschichten

War das eine Aufregung im Sommer 1948 in ohnehin bewegter Zeit. Nach mehrjährigen kriegsbedingten Intermezzi in Hoppegarten, München und Köln wurde das Deutsche Derby wieder auf der angestammten Bahn in Hamburg-Horn ausgetragen. Nach allem, was man wußte, besaß die damalige Ostzone Deutschlands wieder ein Klassepferd: den in Leipzig trainierten Hengst Birkhahn.

Dieser Birkhahn sollte im Derby starten, was angesichts der damaligen Reiseprobleme schon ein Spektakel für sich war. Mit dem berühmten Jockei Erich Boehlke hatte er im Osten Deutschlands alles gewonnen, was es zu gewinnen gab, so auch das gerade 1947 entstandene Hoppegartener Derby, den Großen Preis der Dreijährigen über 2400 Meter. Nun ging es gegen die Elite der drei westlichen Besatzungszonen in Deutschland. Dort sprach man nur von zwei Klassepferden: von Angeber, dem Sieger des Union-Rennens in Köln, und von Aralia, der mit Abstand besten Stute.

Aus dem Osten durften Zuschauer damals nur mit einer außerordentlichen Genehmigung der sowjetischen Besatzungsmacht, mit dem „Propusk", nach Hamburg reisen. Also hingen die Turffreunde zwischen Berlin und Leipzig wie gebannt am Radio. Schon verkündete der Sportberichterstatter: „Angeber führt, galoppiert großartig, ja überlegen, ist im

Einlaufbogen immer noch klar vorn. Aralia wird es schwer haben, ihn noch einzuholen. Birkhahn liegt im Hintertreffen." Doch plötzlich überschlägt sich die Stimme: „Nein, nein, ein neues Pferd kommt rasant auf, es ist Birkhahn. Ja, er kommt, ja, der Russe kommt, er überrennt Aralia, Salvator und schlägt Angeber. Die Sensation ist perfekt, das Zonenpferd Birkhahn ist Deutscher Derbysieger."

„Russe" und „Zonenpferd" – was für eine Turf-Sprache zur Zeit des beginnenden Kalten Krieges. Und doch: Was hat man als Turfanhänger inzwischen alles vergessen – diese Sätze nicht!

Erich Boehlke, ein Onkel des rührigen Hoppegartener Geschäftsführers Arthur Boehlke, war alles andere als ein Kind von Traurigkeit. Als Klassejockei hatte er seit den dreißiger Jahren den Ruf eines Fuchses im Rennsattel. 1931 gewann er mit Dionys sein erstes Deutsches Derby, nun das zweite. Doch eigentlich war es bereits Boehlkes drittes Derby, denn in Hoppegarten gab es ja auch eins, das er mit Birkhahn kassiert hatte. Nun wurde in Hoppegarten gefeiert – mit Dünnbier, mit Alkolat, einem zwanzigprozentigen Gesöff von fürchterlicher Wirkung und mit dem aus Hamburg mitgebrachten West-schnaps. Wer daran teilnahm, hatte später noch oft Gelegenheit, an jene denkwürdigen Tage zurückzudenken, auch an den Kater vom anderen Morgen.

Birkhahn war zeitweilig in Hoppegarten stationiert, zuerst nur für einige Wochen vor ganz großen Rennen. Erich Boehlke ritt ihn dann auf seinen Trainingsrunden.

1949 gab's in Leipzig Stallknatsch. Der legendäre Otto Schmidt löste Boehlke als Birkhahnreiter ab, gewann mit ihm zwei Rennen gegen den Dreiviertelbruder Bürgermeister, einen Klassehengst aus Dresden. Beide Hengste hatten die gleiche Mutter. Der eine stammte von Alchimist, der andere von dessen Vater Herold. Im Galoppsport wird es mit den Bezeichnungen sehr genau genommen. Also gibt es auch Dreiviertelbrüder.

In Leipzig, bei seinem zweiten Triumph, wurde der Derbysieger unterwegs grob behindert und verletzte sich ernsthaft am Hinterbein. Die Schmerzen und die Prozedur der schwierigen Heilung gingen Birkhahn an die Nerven. So schickte man ihn zur Erholung nach Hoppegarten. Die besten Tierärzte nahmen sich seiner an. Schließlich kam er in die Obhut des Trainer-Altmeisters Pan Horalek. Tatsächlich bekamen Trainer und Tierärzte den Hengst wieder flott. Doch seine alte Galoppierklasse erreichte er nicht mehr. Zwei große Rennen in Hoppegarten gewann der Crack 1950 noch, das eine mit Walter Genz – das Siegerfoto hängt im Rennbahnrestaurant Halle/Saale –, das andere mit Heinz Just. Dieser wegen seiner Endkampfstärke herbeigeholte Jockei stukte den angeschlagenen Birkhahn beim Großen Preis der DDR über 2400 Meter tatsächlich noch zu einem knappen Erfolg gegen den eisernen Schimmel Prater und den neuen Derbysieger Veto. Doch es war auch Glück im Spiel, denn der Gegenspieler verlor im Eifer des Kampfes kurz vor dem Ziel die Peitsche.

Birkhahns Rennkarriere ging bald darauf zu Ende. In der Zucht machte er dann eine zweite. Dort erwies sich der Doppel-Derbysieger als einer der ganz Großen – „Chef de Race", sagen die Franzosen dazu. Über seinen Sohn Literat und den Enkel Surumu stellte Birkhahn die gegenwärtig erfolgreichste Hengstlinie der deutschen Vollblutzucht. Seine Töchter sind im Pedigree, im Stammbaum zahlreicher europäischer Klassepferde verewigt.

Des einen Glück, des anderen Pech – der Schattensprung des Derbysiegers Lysander beim Großen Preis der Sowjetischen Besatzungszone – so hieß der Hoppegartener Grand Prix von 1947 bis 1949 tatsächlich – ging als kleine Turfsensation in die Chronik ein.

Vom Hoppegartener Champion Hermann Hoch trainiert, hatte Lysander von 1948 bis zum Hoppegartener Derby 1949 alle Rennen gewonnen, die er bestritt. Nun entschloß sich das passionierte Besitzerehepaar Krenz, den Hengst nach Hamburg zu entsenden, um Birkhahns Triumph aus dem Vorjahr nachzumachen. Doch Lysander versagte kläglich. Niemand, auch nicht der so erfahrene Championjokkei Bruno Radach, hatte eine Erklärung für das krasse Debakel. Deshalb räumte man dem Derbysieger beim Großen Preis erst recht keine Chance ein. Denn dort ging es gegen den heißen Favoriten Bürgermeister. Und der war 1949 mit das Beste, was in Deutschland lief.

Bürgermeister führte in der Hoppegartener Zielgeraden schon mit klarem Vorsprung. Der Schimmel Prater konnte seinen Sieg nicht mehr gefährden. Doch plötzlich schoß Lysander wie eine Rakete vorwärts. Bruno Radach entlockte ihm mit seiner Reitkunst ungeahnte Reserven. Der Dreijährige holte Bürgermeister ein und schob sich an die Spitze. Die Sensation schien perfekt, als Lysander jäh abstoppte, einen Riesensatz in die Luft machte und nur als Zweiter knapp neben Bürgermeister durch das Ziel rannte.

Was war geschehen?

50 Meter vor dem Zielpfosten befindet sich in Hoppegarten der 2400-Meter-Start. Damals erfolgte der Ablauf mit der sogenannten australischen Startmaschine: Ein mit Netzwerk verflochtenes doppeltes

Gummiseil war an einem Gestell aufgehängt. Bei der Auslösung schnellte das Startband schräg nach oben und gab den Pferden den Weg frei. Diesmal warf das Startband bei strahlendem Sonnenschein einen Schatten auf den Rasen des Geläufs. Und was seit Einführung der Startmethode im Jahre 1929 nie passiert war, geschah jetzt: Lysander hielt den Schatten für ein Hindernis und sprang aus dem vollen Galopp mit annähernd 60 Stundenkilometern darüber hinweg. Und schon war das klar geschlagene Pferd Bürgermeister wieder vorbei. Was für ein gewaltiger Ruck muß durch Lysanders Muskeln, Sehnen und Knochen gefahren sein! Das Lysander-Team konnte die Niederlage nur mit Tränen in den Augen verkraften. Schlimmer noch war der Hengst selbst dran. Er hatte sich eine schwere Sehnenverletzung zugezogen. Die Rennlaufbahn war zu Ende.

Der Jährling Foliant, ein Sohn des berühmten Birkhahn, war klein, kräftig und elegant. Doch wollten ihn zwei der führenden Trainer nicht in ihrem Stall haben, weil man einen Atemfehler vermutete. Das Pferd hat einen „Ton", sagten die Fachleute, er gab ein pfeifendes Kehlkopfgeräusch ab. Die Leistung wird dadurch erfahrungsgemäß beeinträchtigt. Meist versucht man mit einer Operation oder dem Einsetzen einer Kanüle Abhilfe zu schaffen. Das junge Pferd wurde an den Leipziger Amateurtrainer Herbert-Erich Sommer verkauft, der auch ohne solche Prozeduren aus Foliant ein Rennpferd formte. Jedenfalls begann der Hengst bald, in der Spitzengruppe seines Jahrgangs mitzumischen.

Der Boxberger Trainer Willy Frommann schickte sich an, gleich vier Pferde im Hoppegartener Derby laufen zu lassen. Stalljockei Rudi Lehmann, in dieser Zeit gerade weniger erfolgreich als der zweite

Jockei des Stalles, Wilfried Flüshöh, sah sich dadurch in Zugzwang gebracht. Er legte sich zeitig auf die Stute Silberrose fest, die im Kincsem-Rennen über 2000 Meter auf und davon gegangen war. Bei der Konkurrenz gab es Trainerknatsch darüber, wen der Spitzenjockei Egon Czaplewski reiten sollte. Er ritt mal den Hengst Dirk aus dem Quartier Görlsdorf, mal den Hengst Makler aus dem benachbarten Graditzer Stall. Im Endeffekt saß der Star-Jockei jedesmal auf dem falschen Pferd.

Foliant lief vorn immer mit, ohne in die engen Entscheidungen eingreifen zu können. Doch sein Trainer war von ihm überzeugt. Im Überschwang der Derbyhoffnungen verpflichtete Sommer gleich zwei Jockeis, mußte also zweimal blechen. Den Derby-Ritt führte dann Rolf Heinich aus, der mit der Gattin des Trainers flirtete, was wohl nicht ohne Einfluß auf die Entscheidung war. Flüshöh sollte Bambus reiten. Nun nahm das Schicksal seinen Lauf.

Zwei Tage vor dem Rennen verstauchte sich Wilfried Flüshöh bei einem Fußballspiel eine Hand. Deshalb absagen, kam für einen so eisenharten Jokkei nicht in Frage. Und Silberrose zeigte die Anzeichen der Rosse. Was machen nun erfahrene Pferdeleute? Der gestandene Reisefuttermeister griff zum alten Hausmittel: Behandeln mit einem schwach getünchten Essiglappen. Silberrose sollte trotz aller Bedenken starten. Das streng gehütete Stallgeheimnis ging im Publikum herum wie ein Lauffeuer – so ist das auf dem Turf. Hop oder top!

Das Rennen ging los. Silberrose galoppierte keinen Schritt, wie man bei Pferden sagt, die vom Start an geschlagen sind.

In der Zielgeraden schien außer dem klar führenden Bambus auch der Rest ohne Chance zu sein.

Bambus flog seinem vermeintlich größten Triumph entgegen. Doch als Rolf Heinich alle Register zog, konnte Flüshöh mit der kaputten Hand nicht mehr voll dagegenhalten. Foliant beschleunigte und vollendete das Hoppegartener Derbydrama. Sein Vorsprung betrug nur ein paar Zentimeter.

Nun war etwas los auf der ehrwürdigen Rennbahn. Ein Privatpferd hatte die gesamte Garde der volkseigenen Rennställe geschlagen. Das Publikum feierte den braven Hengst, seinen Jockei und den Amateurtrainer wie einen ganz heißen Favoriten.

Gewettet hatte diesen Foliant so gut wie keiner. Der Toto schüttete die Hoppegartener Rekordquote von 420:10 auf Sieg und 64848:10 auf den Großen Einlauf, die Dreierwette, aus.

Nicht immer geht es in den Wettkämpfen fair zu. Auch gestandenen Jockeis gehen manchmal die Nerven durch. Der eine oder andere geriet schon wegen des störrischen Verhaltens oder miserablen Laufens seines Pferdes so in Rage, daß er ihm noch nach dem Ziel einen Schlag überzog. Da greifen die Rennleitungen hart durch. Es kommt auch vor, daß Reiter im Eifer des Gefechtes einen Schlag vom Rivalen abbekommen. Doch wenn das absichtlich geschieht, gibt's unweigerlich Lizenzentzug. Die Rennleitungen prüfen solche Fälle mit Hilfe der Filmaufzeichnungen und der Zeugenbefragungen.

Arroganz, Silberrose, Burleske – drei Namen von drei früheren Klassestuten, selbst wenn man heutige Maßstäbe anlegt. Von gelegentlichen Niederlagen abgesehen, wie sie auf dem Turf völlig normal sind, gewannen die drei in ihren Jahrgängen und darüber hinaus alles, was zu gewinnen war.

Doch die Natur hat es so eingerichtet, daß die Pferdedamen zuweilen etwas haben, was man Rosse nennt. Das Derby der DDR fand immer Ende Juni statt, wenn die Natur ihre ganze Üppigkeit entfaltet und auch die Paarungsbereitschaft der Stuten besonders groß ist. Bei Rosse läßt erfahrungsgemäß die Leistungskraft für ein paar Tage ein bißchen nach. Dann sehen die Trainer die Stuten nicht gern starten. Aber es gibt auch Ausnahmen, und wer hofft bei großen Rennen nicht bis zuletzt, seine Stute möge eine solche Ausnahme sein.

Derbyzeit, Rosse, die alten Erfahrungen, Risiko und dann noch die Geheimnistuerei sorgen beim Publikum für Riesenspannung. Erst wird alles streng geheimgehalten, dennoch weiß kurz vor dem Wettbewerb die halbe Rennbahn Bescheid.

So auch im Sommer 1959, 1962 und 1976. Es ging los, und die Klassestuten kamen ausgerechnet in ihrem allerwichtigsten Rennen hinten an. Arroganz gewann einige Wochen später ganz souverän den Großen Preis der DDR und im September den Goldpokal beim Internationalen Meeting in Budapest in Bahnrekordzeit für 2800 Meter. Burleske kassierte 1976 drei internationale Rennen in Warschau und Prag. Silberrose beherrschte die großen Herbstrennen 1962. Aber das brachte nur bescheidenen Trost.

Von großen Namen war die Rede. Birkhahn, Bürgermeister, Prater, Lysander, Burleske – wie beschwingt das klingt. Doch ganz allgemein sind **Namen von Rennpferden** ein Kapitel, über das man sich je nach Veranlagung und Laune amüsieren oder ärgern kann. Tausende von Rennpferden wollen benannt sein. Die Rennbehörden mühen sich um ordnenden Einfluß. Aber die Taufe schlägt immer wieder Kapriolen. In Deutschland ist es üblich, den Fohlen Namen mit den gleichen Anfangsbuchstaben zu geben, den die Mutter hat oder auch mehrere Buchstaben. Heißt eine Stute Goldmarie, dann könnten die Kinder Goldbube, Goldmädel, Goldlilie, Goldy, Goldregen usw. heißen; Goldinsel geht ja noch einigermaßen. Bei Goldjunker wird's albern, bei Gold for ever kann man nur noch den Kopf schütteln. Aber englische Namen sind „in". Golden West oder Golden Delicious eröffnen ganz neue Perspektiven. Man kann dies noch nach Jahren fortsetzen. Die Palette ist endlos geworden, seit es Computer gibt. Was haben die Namensgeber nur vor dieser Erfindung gemacht?

Viele **Namensketten** stehen in logischem Zusammenhang. Zum Beispiel gibt Walther Jacobs, Deutschlands erfolgreichster Züchter der letzten zwei Jahrzehnte, seinen Pferden gern die Namen bekannter Kaffeepflanzungen in Übersee. Die sind wohlklingend, exotisch, und bringen gleich noch ein bißchen Werbung auf die Rennplätze. Andere berühmte Züchter halten sich an die Kunst – das klingt meistens auch gut. Wieder andere bevorzugen Mädchen- oder Jungennamen, Pflanzen- oder Tiernamen oder geographische Begriffe.

Die Engländer kommen wegen ihrer vielen Rennpferde schon lange nicht mehr mit einem Wort aus. Lion klingt gut, doch diesen Rennpferdenamen gab es schon unzählige Male. Einmal lief in Hoppegarten ein Pferd namens With Gods Help. (Mit Gottes Hilfe.) Solche Hilfe wünscht sich auf dem Turf im Stillen jedermann. Never Say Die (Sag niemals sterben) hieß ein berühmter englischer Derbysieger. Da wird's gruselig.

1963 tauchte auf der Insel ein Pferd namens Spree auf. Der Namengeber hatte wohl noch einen Koffer in Berlin. Ein russischer Rennsieger von 1815 hieß Blücher. Da erinnerte sich wohl jemand an den Marschall Vorwärts. Die Namensgeber des deutschen Derbysiegers von 1936, Wehr Dich, müssen geahnt haben, daß es Krieg geben wird. Nebelwerfer und Panzerturm hießen später zwei prominente Pferde. Diese Namensgebung war offensichtlich dem unseligen Zeitgeist geschuldet.

Manchmal sind Pferdenamen unaussprechlich. Iwnwseb hieß mal ein stolzes Tier, was die Abkürzung war für: „Ich weiß nicht, was soll es bedeuten". Lustig wird es auch, wenn ausländische Namen falsch interpretiert werden. Da hieß ein hervorragendes Zuchtpferd Gainslaw. Der Name wurde ins Russische übertragen und erschien in der ostdeutschen Zuchtliteratur als Heinzlau. Das Mißverständnis war doppelter Natur: Irgendwer hatte in seiner Jugend in einem schlesischen Gestüt Heinzlau gearbeitet. Und als er mit den kyrillischen Buchstaben des Gainslaw in Berührung kam, war das für ihn selbstverständlich Heinzlau. Fröhliches Lachen löste es aus, als bei einer Pressekonferenz das deutsche Pferd Mandelauge durch Mißverständnis und Hektik im schönsten Französisch als Mandel-oieh offeriert wurde.

Ein Hoppegartener Derbysieger trug den schlichten, aber in seinem Falle zutreffenden Namen Magnat. Souverän gewann er das Deutsche Derby 1941, turmhoch überlegen den Großen Preis von Baden. Dabei war er längst umgetauft, denn ursprünglich hatte man ihm den Namen „Mit Rückenwind" gegeben, was eigentlich ein Skatausdruck ist. Magnat gewann wirklich, als ob Rückenwind ihn anschob.

Mitunter passen Pferdenamen nicht in die politische Landschaft.

Ein wunderschönes schwarzes Fohlen des sächsischen Gestütes Lehn erhielt 1960 den Namen Camp David, zur Erinnerung an den Ort eines Gipfeltreffens zwischen dem USA-Präsidenten Eisenhower und dem sowjetischen Ministerpräsidenten Chruschtschow. Hoffnung auf eine Phase der Entspannung in der Weltpolitik schwang bei der Pferdetaufe mit. Es kam aber ganz anders. Der Abschuß eines amerikanischen Spionageflugzeugs vom Typ U-2 über der Sowjetunion verschärfte die Weltkrise. Das Pferd Camp David mußte deshalb auf Weisung des DDR-Landwirtschaftsministeriums umbenannt werden und bekam den unverfänglichen Namen Carolus. Der Hengst hatte aber schon eine Story. Er war am 29. Februar geboren, entwickelte sich zu einem erstklassigen Rennpferd, dem besten in Ostdeutschland seit jenem Birkhahn, und gewann Derby und Großen Preis der DDR.

Unstatthaft war für ein volkseigenes Pferd Ende der fünfziger Jahre auch der Name Corpsstudent. Darüber mokierte sich auf Anstoß von oben eine Fachzeitung. Der verantwortliche Leiter des thüringischen Gestüts Bockstadt-Massenhausen wußte zu parieren. Pfiffig taufte er den Hengst in Chefredakteur um. Das Gelächter der Insider kann man sich vorstellen.

Zum Politikum wurde eines Tages der Pferdename Staatsgrenze. Die so benannte Stute war eine Tochter der aus Westdeutschland eingeführten Stute Staatsordre – wie man sieht, eine damals grenzüberschreitende deutsch-deutsche Benennung. Nun wurde aber mit dem Bau der Berliner Mauer die Spaltung Deutschlands vertieft. Die Obrigkeit der DDR gab sich in Sachen Staatsgrenze extrem empfindlich. Die Stute, von störrischem Charakter, schlug vor einem Hoppegartener Rennen plötzlich einen Haken, rannte in das Gebüsch und konnte nicht mehr teilnehmen. Der Rennkommentator verkündete aus der Routine heraus über Lautsprecher ganz sachlich: „Staatsgrenze wird zurückgezogen." Man stelle sich die Reaktion des durch die politischen Ereignisse tief betroffenen Publikums vor!

Wie das Schicksal so spielt, passierte wenige Tage später in Dresden noch etwas Groteskeres. Den Halbbruder von Staatsgrenze hatte man Staatsmann genannt. Da kommentierte der dortige Sprecher: „Staatsmann führt vor X und Y und bringt das Feld in die Zielgerade." Fragt doch ein in der Nähe stehender Botenjunge ins Mikrofon: „Is'n das der Ulbricht?" Das Wort Riesengelächter verharmlost, was nun in Dresden folgte.

Nun schlug die Obrigkeit zu. Erbarmungslos wurden die Pferde umbenannt.

Politiker und Pferderennen. Im Gegensatz zum ersten DDR-Präsidenten Wilhelm Pieck besuchte der Staatsratsvorsitzende Walter Ulbricht niemals Hoppegarten, auch nicht die Rennbahn im Scheibenholz seiner Heimatstadt Leipzig, in deren Nähe er aufgewachsen war. Gefährten seiner Jugendzeit erzählten, daß der spätere Parteiführer in seiner Jugendzeit einen Horror vor den Schiebern und Zokkern hatte. Jedoch hatte Ulbricht nichts dagegen, daß in den fünfziger Jahren über 200 Vollblutpferde für die volkseigenen Gestüte aus der Bundesrepublik gekauft wurden. Sie bildeten den Grundstock für eine kurze Blütezeit des Galoppsportes und der Vollblutzucht der DDR bis Ende der sechziger Jahre.

Wilhelm Pieck kam hingegen gern nach Hoppegarten. Er setzte sich 1946 schon sehr für die Wiedereröffnung der Rennbahn ein, und er machte durchaus mal ein Spielchen am Toto. Erich Honecker ließ sich dagegen nie auf einer Galopprennbahn sehen.

Nun haben die Politiker in aller Welt ein sehr differenziertes Verhältnis zum Pferderennsport. „Galopprennen sind die schönste Nebensache der Welt" – dieser oft abgewandelte Ausspruch wird unter anderem Winston Churchill nachgesagt. Der große britische Staatsmann genoß nicht nur dicke Zigarren und alten armenischen Kognak, den er sich nach der Teheraner Konferenz der großen Drei regelmäßig von Stalin schicken ließ. Vielmehr war Churchill auch leidenschaftlicher Rennbahnbesucher. Er unterhielt trotz aller Bewegtheiten des Politikerlebens erfolgreich einen Rennstall. Die Galopprennen, der Sport mit den rassigen Vollblutpferden hatten ihn fasziniert und nicht mehr losgelassen.

Stalin und Hitler gingen nie zu Pferderennen. Dafür machte Göring zuweilen in Hoppegarten den Strahlemann. Für König Wilhelm I., seinen Kanzler Bismarck und den Kronprinzen war Hoppegarten eine Ehrensache. Kaiser Wilhelm II. hatte wohl eine Aversion dagegen. In seine Regierungszeit fällt jedenfalls das zeitweilige Verbot des Totalisators. Hindenburg und Reichskanzler Franz von Papen fühlten sich mit dem Union-Klub und Hoppegarten eng verbunden.

Der großbürgerliche Rheinländer Konrad Adenauer war zuweilen Gast auf Rennbahnen, hatte aber keine sonderlich gute Meinung von ihnen. Vielleicht hatte das seine Ursache darin, daß der erste Bundeskanzler in jungen Jahren oft im Clinch mit ostelbischen Junkern gelegen hatte. Der Hanseat Helmut Schmidt geht bis heute ganz anders an die Sache heran. Bei der Hamburger Derbywoche ist er gern dabei. Und Walter Scheel hatte sein Amt als Bundespräsident kaum beendet, da engagierte er sich schon als Präsident des Dachverbandes des deutschen Turfs.

Pferde haben ihre Charaktere, ihre Eitelkeiten, ihre schlechten Launen wie die Menschen. Freundschaften von Pferden können manchmal aufregend sein. Das beginnt schon auf der Fohlenkoppel und setzt sich in den Rennställen fort. Namentlich bei Stuten gibt es großes Wehgeschrei, wenn eine Freundin zum Rennen muß, die andere im Stall bleiben soll. Das Wiehern ist nicht selten über die ganze Rennbahn zu hören. Manchmal bleibt Trainern nichts anderes übrig, als die Freundin mit dem startenden Pferd zusammen in den Führring zu schicken, einfach als Begleitpferd. Was für eine Wiedersehensfreude, wenn die Starterin dann aus dem Rennen zurückkommt!

Auch das Umgekehrte ist bei Pferden natürlich: Manche können sich absolut nicht leiden. Man keilt aus, schubst sich, beißt auch mal zu. Was bei den Fohlen als Spiel beginnt, kann später zu harten Auseinandersetzungen ausufern. Der riesige Fuchshengst Forint und der kleine, aber kernige Hengst Fahnenmast wuchsen zusammen im Gestüt Görlsdorf auf. Gestänkert hatte Fahnenmast schon immer. Im Rennstall wurde es zwischen den beiden allmählich zum Problem. Einmal, als die Görlsdorfer Trainingsgruppe gerade ihr Pensum absolviert hatte und friedlich dem Stall entgegenschritt, ging Fahnenmast frontal auf den Rivalen los, biß ihm in die Flanken, warf sich regelrecht auf ihn. Die Reiter flogen gleich ins Gebüsch, einer war schmerzhaft getroffen und schrie. Die gesamte Gruppe wirbelte durcheinander. Schon landeten zwei weitere Reiter auf dem Boden. Nur dank der Übersicht des herbeieilenden Trainerchampions Ewald Schneck und seines die Ruhe bewahrenden Stalljockeis Egon Czaplewski wurde der Frieden wieder hergestellt.

Wer Fahnenmast so nicht kannte, war sprachlos,

denn er galt als anhänglich, als richtige Schmuse-
katze.

Fahnenmast lief übrigens noch viele Jahre auf
den Rennbahnen. Die anderen Pferde ließ er in
Ruhe.

Auch Haß kann sich bei Pferden entwickeln. Der
Hoppegartener Hengst Puck und sein Dresdner Gegenspieler Geometer begegneten sich in zahlreichen
Wettkämpfen. Da sie beide große Kämpfer waren
und sehr formbeständig liefen, gelangten sie im
Endkampf regelmäßig aneinander. Kopf an Kopf
rannten sie oftmals dem Ziel entgegen. Eines Tages
biß Puck nach dem Gegner, weil er nicht an ihm
vorbeikam. Prompt revanchierte sich Geometer
beim nächsten Rennen.

Die Drohgebärden begannen schon vor dem Rennen im Führring. Die Trainer versuchten ihre Taktik
umzustellen. Manchmal gaben sich die beiden dann
auch brav. Dann gab's wieder eine Beißerei. Am besten war, sie liefen nicht gegeneinander.

Unter den Rennpferden gibt es richtige Schauspieler. Zwei Beispiele: Der Schimmel Portoghesi
stellte sich vor dem Start eines Rennens auf den
Halleschen Saalewiesen sehr störrisch. Wie üblich
versuchten Startpersonal und Reiter, in diesem
Falle eine junge Dame, mit Hereinschieben, Anhe-
ben des Schweifes, Kapuze auflegen und anderen
Tricks, den Hengst zu überlisten. Der setzte plötzlich die Reiterin ab, lief im Stechschritt wie ein
wohldressiertes Zirkuspferd hin und her und ließ
sich nicht einfangen. Immer wieder wich der Schimmel geschickt und ohne eine Spur von Ängstlichkeit
der hinterhereilenden Reiterin und anderen Einfän-
gern aus. Das Publikum juchte, als er zwischen-
durch ein Männchen machte. Urplötzlich ging Portoghesi dann auf eine Lücke im Zaun zu und begab

sich mitten unter die Zuschauer. Alles war aufgeregt, nur nicht der Schimmel. Ganz souverän machte er wieder kehrt, begab sich zur Startmaschine, ließ die Reiterin ohne weiteres aufsteigen, startete und gewann überlegen.

Ein anderer Schauspieler war der alte Lilienstein, in jungen Jahren ein Klassepferd für Flach- und Hindernisrennen. Er bestritt noch in hohem Alter Wettkämpfe. Eines Renntags lahmte er jedoch vor dem Rennen und blieb im Stall wegen vermuteter Verletzung. Abends glaubten die Betreuer nicht recht sehen zu können. Herr Lilienstein gab sich putzmunter. Das Schauspiel wiederholte sich. Der Hengst war schlau geworden und stellte sich nur lahm, um nicht Rennen laufen zu müssen. An allerlei Anzeichen merkt ein Rennpferd ja, wenn ein Wettkampf bevorsteht.

Aufgeregte Pferde gibt es oft am Start. Manche haben unangenehme Erfahrungen gemacht, sich vielleicht an der Boxenwand weg getan. Andere zeigen einfach Platzangst, insbesondere große Pferde. Die Betreuer kennen viele Tricks, wie man dennoch den einwandfreien Start ermöglicht. Es gibt aber auch notorische Stehenbleiber, ein Schrecken aller Trainer.

Der größte Spezialist hieß Cezanne, ein Klassepferd aus Italien, gesund und im Training unverändert gut galoppierend. Der Hengst blieb immer wieder am Start stehen. Die verschiedensten Trainer versuchten es mit ihm, auch Klassejockeis. Schließlich landete der Hengst in Hoppegarten, wo er dank seines Galoppiervermögens leicht die Nr. 1 hätte werden können. Doch der Ex-Italiener geruhte weiterhin stehen zu bleiben. Bewegen oder anschieben ließ er sich nur, wenn er wollte. Das Riesentier hatte gewaltige Kräfte.

Trainer Alfred Ebert schickte Cezanne kurzerhand nach Gotha, wo nicht mit der üblichen australischen Startmaschine, sondern mit einfachem Startband wie in Hindernisrennen gearbeitet wurde. Gegen diese Art hatte Cezanne ursplötzlich nichts. Er sprang mit den anderen Startern ab und gewann das renommierte Steherrennen „Grünes Herz von Deutschland". Aber ein Jahr lang warten, bis in Gotha wieder Rennen veranstaltet werden, wollten Besitzer und Trainer nicht. So wurde Cezanne ausgemustert.

Was macht ein Jockei, wenn mitten im Galopp der Sattel rutscht? Er wird versuchen, in die Mähne des Pferdes zu fassen und oben zu bleiben. Stürze bei annähernd 60 Stundenkilometern sind kein Spaß. Sattelprobleme sind immer eine Blamage für den Trainer, doch gibt es auch Pferde mit schlechten Sattellagen und unglückliche Zufälle.

Bei einem Hoppegartener Derby war der in Leipzig trainierte Hengst Wildschütz außerordentlich chancenreich. Der Hengst hatte einen gewaltigen Brustkorb und eine sehr starke Gurtenlage. 100 Meter vor dem Ziel rutschte der Sattel. Wildschütz wurde nur Derbyzweiter. Jockei Udo Fritzenwanker hatte in seiner Laufbahn nur diese Chance gehabt, ein Pferd mit solchem Können in einem Derby zu reiten. Wildschütz gewann später drei internationale Rennen und zahlreiche andere Wettbewerbe. Doch der Pechvogel Fritzenwanker wurde als Jockei nicht mehr engagiert. Er wurde aber ein sehr guter Trainer in Hoppegarten.

Ein anderer Fall. Der Hengst Ehrenbreitstein, benannt nach einem deutschen Wahrzeichen im Rheinland, kam in den fünfziger Jahren nach Hoppegarten und gab gleich eine tolle Vorstellung. Er konnte vom Reiter nicht unter Kontrolle gehalten werden – er „nahm ihm die Hand", sagt die Fachsprache dazu – und raste in stürmischem Galopp dreimal um die Bahn. Das waren rund 7 Kilometer und Hoppegartener Rekord.

Kleinere Extratouren am Start erlebt die Rennbahn des Öfteren. Dauern sie länger, ziehen die Trainer die Sturköpfe vom Start zurück. Das Publikum spendet nach solchen Ehrenrunden gern ironischen Beifall. Eigentlich ist das unfair, denn es ist nicht so leicht, außer Kontrolle geratene Rennpferde anzuhalten. Die Pferde kennen die Zielgerade und den Beifall und beschleunigen nochmals, wenn geklatscht wird.

Manchmal finden Roß und Reiter die Richtung nicht. Der Championjockei Dirk Austmeyer hatte das Große Hoppegartener Jagdrennen 1991 gewonnen. 1992 versuchte er es zum zweiten Mal. Als das aufgelöste Teilnehmerfeld nur noch den letzten Bogen zu bewältigen hatte, lag sein Pferd Amelung in Begleitung von Izmir vorn. Die Entscheidung konnte nur noch zwischen beiden liegen. Doch der Meisterjockei und sein Rivale auf Izmir ritten geradeaus statt einzubiegen. Eine Blamage, die Platz und Sieg kostete. Die im Rennen verbliebenen Statisten krochen fast nur noch über das letzte Hindernis und die kurze Flachstrecke zum Ziel. Es siegte die völlig chancenlose Stute Girlfried gegen den noch unbedeutenderen Angusto.

Verwechslungen von Pferden werden heutzutage mittels genauer Eintragungen individueller Merkmale in Pferdepässen verhindert. Ohne Vorlage solcher Pässe dürfen Pferde nicht in Rennen starten. Das war nicht immer so. So manches untergeschobene Pferd wurde bekannt. Ringer nennt man sie auf dem Turf. Die in der Nachkriegszeit wegen des Mangels an Vollblutpferden durchgeführten Bauernrennen mit ganz gewöhnlichen Landpferden forderten kleine und große Gauner dazu heraus, solche Ringer unterzuschieben. Ein Fall ist erwiesen, wo ein ausrangiertes Rennpferd mitlief. Der Schwindel kam auf der Rennbahn Magdeburg heraus. Über andere Fälle gibt es bis heute an Stammtischen Vermutungen. Hoppegarten, so scheint es, ist nicht betroffen.

Die **Rennfarben** gehören zum Turf wie das bunte Laub zum Herbst. Die aufregendsten Rennfarben des Jahres 1992 in Hoppegarten trug der Reiter des Hengstes Enharmonic: purpurrot, goldene Schnüre, scharlachrote Ärmel, schwarze Samtkappe und goldene Quaste. Im Finish langte es zwar nur zu einem dritten Platz, aber für Hoppegarten war es eine Ehre. Die Farben wiesen aus, daß Enharmonic aus dem Rennstall der britischen Königin kam.

Die Rennfarben sind stets das Erkennungszeichen des Besitzers. Jeder sucht sie sich selbst aus. Sie werden beim Direktorium für Vollblutzucht und Rennen, dem Dachverband des deutschen Turfs, eingetragen und sind für eine bestimmte Zeit geschützt. Bei 2000 Besitzern in Deutschland ist die Wahl der Farben, der Abzeichen und der Muster für neu Hinzukommende längst problematisch. Im Turfland England ist das noch viel spannender.

Der deutsche Turf hat wie alle Sportarten seinen speziellen Wortschatz. Viel Vokabular stammt aus dem Englischen. Ein Galopper rennt beim Start nicht los, er springt ab. Das Pferd pullt, sagen die Jockeis. Doch wenn der Hengst im landläufigen Sinn pullert, dann stallt er – auch im Freien. Ein Rennpferd macht kein großes Geschäft, es mistet. Den Zusammenhang versteht man sofort. Ein Renner spurtet nicht einfach, er geht speed oder sogar full speed. Sie rennen im Fachjargon nie, sie schreiten auch nicht, sie gehen vielmehr Galopp und sie gehen Schritt. Sind sie zu schnell, dann tritt der Reiter auf die Bremse – per Zügel.

Im Training gehen die Pferde manchmal auch einen Spritzer. Da spritzt niemand. Es ist die Bezeichnung für eine Trainingsvariante im vollen Renntempo über eine sehr kurze Strecke, etwa 400 Meter. Ein Rush ist ein scharfer Zwischenspurt.

Go and win sagt der Trainer, wenn er anordnet, daß der Jockei das Pferd gleich an die Spitze des Feldes zu reiten hat und dort die führende Position bis ins Ziel verteidigen soll. Drei Worte benötigen die Engländer, im Deutschen bräuchte man einen ganzen Satz. Der Trainer gibt auch keine Reitanweisung, sondern eine Order. War die Order falsch, wird dem Trainer vielleicht eine gute Ausrede einfallen.

Für „Notting" reitet kein Jockei. Eigentlich heißt das „Nothing" und bedeutet schlicht und einfach „ohne Geld". Das „Notting" hat sich aber im Laufe der Zeit eingebürgert.

Es gibt auch gruselige Ausdrücke. So nannte man den Prozeß des Anreitens der Jährlinge früher „Einbrechen der Pferde". Ein „Verbrecher" ist ein total störrisches oder gar bösartiges Pferd. Eigentlich sind diejenigen Menschen „Verbrecher", die das Pferd verdorben haben.

Briefmarken kennt der Turf auch. So bezeichnet man das Niedriggewicht eines Jockeis oder einen extrem leichten Rennreiter, der 48 oder 50 Kilogramm auf die Waage bringt. Bei Hochgewicht bedient man sich eines vornehmeren englischen Ausdrucks. Das heißt dann topweight.

Die Engländer unterscheiden bei den Haarfarben

der Pferde gray (grau), brown (dunkelbraun), bay (braun) und chest nut (fuchsfarben). Die Deutschen kennen Schimmel, Fuchsschimmel, Dunkelschimmel, Hellbraune, Braune, Dunkelbraune, Schwarzbraune, Rappen, Falben. Wir haben zwar viel weniger Pferde als die Turfleute von der Insel, machen aber eben alles viel genauer.

Selten sorgte das Wort **Doping** für so viele Schlagzeilen wie 1992. Für den Galopprennsport ist Doping freilich ein alter Hut. Gewinnsucht und falscher Ehrgeiz trieben manchen Trainer dazu, bestimmte Pferde schneller machen zu wollen, als sie es waren. Viele Drogen und Medikamente wurden ausprobiert. Die Kette der Skandale war schon in der Frühzeit des Sports lang. Aber bald setzten auch Gegenmaßnahmen ein. Schnell kamen die Stewards, die Rennleitungen, hinter die Schliche, wurden Dopingproben eingeführt und erwiesenes Doping hart bestraft. Verweise der beteiligten Personen auf Lebenszeit von allen Rennbahnen und gerichtliche Nachspiele haben ihre Wirkung nicht verfehlt.

In Deutschland werden Dopingproben sowohl systematisch als auch unverhofft durchgeführt. Betrugsversuche gibt es dennoch immer wieder mal. Auch von kuriosen Betrugsversuchen weiß man. Einmal brachte ein Trainer unter dem Sattel eine Batterie an. Diese teilte Stromstöße aus und sollte das Pferd antreiben. Ein anderer Hoppegartener rieb sein Pferd im Schritt mit Terpentin ein – das arme Tier litt an seiner empfindlichsten Stelle und hatte keine Chance. Auch in die andere Richtung wurde gezielt, nämlich Favoriten negativ zu dopen, damit sie in bestimmten Rennen unter ihrer gewohnten Form bleiben. Das geschieht meistens, um große Wettgewinne zu landen.

Deutschlands stolzes Spitzenpferd Lomitas soll im Sommer 1992 Objekt eines solchen Negativ-Dopings gewesen sein. Der überlegene Sieger aus dem Großen Preis der Berliner Bank, dem Großen Preis von Baden, Preis von Europa, Großen Hansapreis und anderen Turfschlagern war drauf und dran, weitere europäische Elitepferde im Juli zu schlagen. Trainer Andreas Wöhler sattelte ihn nach ausgezeichneten Trainingsleistungen mit besten Hoffnungen. Doch der Hengst enttäuschte kraß. Da konnte etwas nicht stimmen. Die sofort veranlaßte Blutuntersuchung ergab erhebliche Abweichungen vom Normalen und den Verdacht auf Negativ-Doping. Kein Zweifel: Dem Hengst wurde von unbekannter Hand ein Mittel zugeführt, das ihn an der Entfaltung seiner wahren Leistungskraft hinderte.

Der kostbare Hengst – ein Millionenobjekt – wurde an einem unbekannten Ort in Sicherheit gebracht. Trainer und Stallpersonal hüllten sich in Schweigen. Dennoch sickerten Gerüchte durch, Walther Jacobs, der Besitzer des Gestüts Fährhof, solle erpreßt werden.

Glücklicherweise scheitern die meisten Versuche an der Wachsamkeit der Trainer und des Stallpersonals. Auch haben das Totopersonal und die Buchmacher ein gutes Gedächtnis und entwickeln ein Gespür zur Aufklärung der Betrügereien.

Tragisches und Trauriges auf dem Geläuf

Der 20. September 1992 war ein schwarzer Tag für die Turffans in Hoppegarten. Zweimal erstarben ihnen die Anfeuerungsrufe auf den Lippen. In zwei Rennen stürzten Pferde so schwer, daß sie eingeschläfert werden mußten.

Es begann im 6. Rennen: Großer Kaufhofpreis der Dreijährigen über 2800 Meter. Ausgangs des Logierhausbogens sahen die Zuschauer plötzlich den Hengst The Indian abstoppen und den Jockei A. W. Gorman aus dem Sattel springen. Ein paar hundert Meter weiter stolperte Mandarin und sein Reiter hatte keine Chance, das Tier wieder flott zu kriegen. Im 9. Rennen, die Dunkelheit brach schon herein, traf es den Hengst Eridanus. Im Dahlwitzer Bogen hielt er plötzlich an. Er lief an letzter Stelle, Einwirkungen anderer Pferde waren nicht zu erkennen, wie schon bei den Zwischenfällen im 6. Rennen. Er hatte sich das Bein gebrochen, und das bedeutet für ein Rennpferd in der Regel das Aus – für immer.

Bei The Indian stellte man später einen schweren Sehnenschaden fest. Mandarin hatte sich wie Eridanus ein Bein gebrochen. Irgendein Zusammenhang der drei Unfälle konnte im Nachhinein nicht ermittelt werden. Alle Pferde waren gesund an den Start gegangen. Aber alle drei schienen dabei unruhig, als ob sie eine böse Vorahnung gehabt hätten. Für die drei Pferde gab es nur eine tierärztliche Entscheidung: Die Spritze.

Das ist **die Tragik mancher Rennen.** Die ebenso hochleistungsfähigen wie empfindlichen Vollblüter, müßten einem langwierigen und kostspieligen Heilungsprozeß unterzogen werden, wenn sie wieder laufen lernen sollten. Man kann sie in den meisten Fällen nicht einfach in den Stall zurückbringen, denn dort würden sie liegen bleiben und schnell an Koliken zugrunde gehen. Oder sie müßten lange in ein Riemengestell gehängt werden, was für sie sehr beschwerlich ist. Eine Gewähr, daß die Pferde dabei wieder renntauglich werden, gibt es nicht. So bleibt Besitzern und Tierärzten meist nichts anderes übrig als die Entscheidung für den Gnadentod. Nur ganz wertvolle Tiere entgehen der Spritze: Wenn ihre genetischen Qualitäten vielversprechend genug sind, daß sie noch in der Zucht nützlich sein können.

Jeder Trainer wäre glücklich, wenn sich jemand eines invaliden Renners annehmen, für seine Genesung sorgen und ihn später als privates Reitpferd nutzen würde. Aber das ist problematisch genug.

Von dem berühmten Hengst Oleander hieß es eines Renntages, er habe sich das Becken gebrochen – auch eine komplizierte und schwer zu heilende Verletzung. Es ist dem Trainer George Arnull zu verdanken, daß der kostbare Hengst nicht getötet wurde. Die Verletzung erwies sich als nicht so schwerwiegend – es war eher eine Fissur, also ein Haarriß. Oleander fiel für die großen Dreijährigenprüfungen des nächsten Frühjahrs und Sommers aus, aber er gesundete und kam dank seiner einzigartigen physischen und psychischen Stärken wieder in Schwung. Und dann wurde er der erste Superhengst in der deutschen Turfgeschichte.

Eine bedrückende Angelegenheit wurde dagegen

das Hoppegartener Derby 1965. In einem heißen Endkampf fast die gesamte Zielgerade entlang blieben sich der Boxberger Schimmel Baba mit Klaus Otto und der Graditzer Hengst Meridian mit Wilfried Flüshöh nichts schuldig. Der Schimmel drückte den Gegner von der Bahninnenseite in die Mitte. Der Graditzer revanchierte sich, in dem er sich beinahe auf ihn legte. Wie Kletten klebten die Hengste aneinander. Baba behielt knapp die Nase vorn. Flüshöh verfehlte den Derbytriumph mit einem guten Pferd. Beide Trainer brüllten sich an und beschimpften die Jockeis. Die Anhänger von Meridian schrien: „Protest".

In diesem Trubel hatten nur die Wenigsten beobachtet, daß etwa 150 Meter vor dem Ziel der an dritter oder vierter Position rennende Hengst Kampfgeist abstoppte. Er hatte sich ein Bein gebrochen. Der dahinter heranstürmende Presto hatte nicht die Spur einer Chance auszuweichen, und rannte auf. Ein Wunder, daß beide Jockeis nicht zu Schaden kamen. Für die Pferde blieb nur die Tötung. Ein tragischer Doppelunfall. Die Plazierung Baba vor Meridian wurde nach sorgfältiger Untersuchung aufrecht erhalten, die beiden Kampfhähne mit Erziehungsmaßnahmen belegt.

Auch Feuer oder Gewitter können den Rennpferden schwer zusetzen, gar ihre Laufbahn beenden. Im Rennjahr 1967 gewann der ziemlich zart gebaute Hengst Main mit Stalljockei Alex Mirus aus dem Gestüt Lehn überraschend das Derby in Hoppegarten. Einige Tage später ging ein Wolkenbruch über den Ställen in Neuenhagen nieder. Ein Blitz traf den Lehner Stall, der bald lichterloh brannte. Beherzte Männer brachen die Tore auf. In panischem Galopp rannten die Pferde über Neuenhagens Straßen. Doch dem Derbysieger Main bekam die Flucht nicht. Er hatte fortan keine Nerven mehr für ein Rennen.

Drei Jahre später erwischte es den Hengst Carlo aus dem gleichen Stall. Während eines Gewitterregens führte man ihn zusammen mit der Stute Amola zur Bahn. Unterwegs riß eine Stromleitung. Der Draht fiel auf die Erde, das Umfeld erhielt einen Schlag. Die Lehner Pferde erlitten einen Schock, die Pferdeführer kamen mit dem Schrecken davon. Eine Stunde später sollte das Rennen starten, aber die Renner waren nicht wieder fit. Für Carlo war die Karriere damit zu Ende. Dagegen steckte Amola den Zwischenfall weg, gewann im August sogar den Großen Preis und wurde später Mutter des Derbysiegers Amiant.

Der Totalisator
mit goldenen Regeln
für das Wetten

Wer zum ersten Mal eine Rennbahn betritt, weiß natürlich vom Hörensagen, daß **Pferderennen und Wetten** eng zusammengehören. Streng genommen geht es um das ordentliche Wetten am **Totalisator** (Toto). Für routinierte Rennbahnbesucher ist das oft der eigentliche Reiz, obwohl niemand zum Wetten verpflichtet ist und keiner schief angesehen wird, wenn er es nicht tut.

Rasch findet der Neuling Gefallen an den Pferden, an der Dramatik ihrer Wettkämpfe. Die brodelnde Menschenmenge, die sich vor und nach jedem Rennen um die Toto-Häuschen schart, mag dagegen Uneingeweihten im ersten Moment fremd erscheinen. Aber bald werden auch sie vom Reiz des Wettens, des Spiels angezogen. Tausende beteiligen sich daran auf jedem Turfplatz, Renntag für Renntag, nicht wenige ein Leben lang. Was motiviert sie dazu? Die schnelle Mark?

Der ganze **Rennbetrieb wird weitgehend aus Totogeldern** finanziert. Das funktioniert so: Dem Rennveranstalter fallen etwa 25 Prozent des Totoumsatzes zu, wofür er einen geringen Teil als Steuer abführen muß. Rund 75 Prozent werden an die erfolgreichen Wetter zurückgezahlt, und das übertrifft bei weitem die Ausschüttungen aller anderen Toto-, Lotto- und Lotteriearten. Ein großer Vorteil der Pferdewetten.

Die Gewinne werden sofort nach Bekanntgabe der Quoten am gleichen Totohäuschen oder an den ganz in der Nähe liegenden Auszahlkassen ohne jede Einschränkung gegen Vorlage der gültigen Wettscheine ausgezahlt, und seien es 10 000 DM oder mehr. Es gibt also kein langes Warten.

Hat man auf das richtige Pferd gesetzt oder auf die richtigen Renner oder die richtigen Zielankünfte, läßt sich rasch der Einsatz verdoppeln oder vervielfachen. 2,50 DM beträgt der niedrigste Einsatz, doch kann jedermann auch an den Fünf-Mark-Schalter, den Zehn-Mark-Schalter, den Hundert-Mark-Schalter gehen und beliebig viele Wetten in unbegrenzter Höhe tätigen.

Gewinn oder Verlust – darin liegt der Reiz jeder Wette und der Freude am Spiel. Für die meisten Rennbahnbesucher geht es indessen um viel mehr. Sie lieben Galopprennen. Und sie wissen, daß die Faszination erst durch ihre Wetten komplett wird. Es kribbelt mehr, wenn man mit dem Wettschein in der Tasche jede Aktion des gewetteten Pferdes und seines Reiters, jede Phase des Rennens unmittelbar miterlebt. Diesen Reiz kann kein Spiel mit Kugeln oder Karten vermitteln. Ein alter Hoppegartener Rennbahn-Fan weiß: „Wenn ich verliere, sehe ich wenigstens noch mein Pferd mit dem Schweif wakkeln, kann den Jockei als Schuster beschimpfen und alle möglichen Ereignisse des Rennens für meinen Verlust verantwortlich machen. Ich selbst aber habe alles richtig gemacht."

Der wichtigste Vorzug beim Wetten auf Pferde ist, daß sich der Totofreund nicht einfach auf sein Glück verläßt. Vielmehr kann er sein Spiel durch Fachwissen maßgeblich beeinflussen, dem Glück buchstäblich auf die Beine helfen. Zu 50 Prozent sagen Experten, manche meinen noch erheblich mehr.

Weil sich das Wetten am Totalisator der Rennbahnen dadurch grundsätzlich vom Glücksspiel unterscheidet, wurde es bereits vor langer Zeit gesetzlich geschützt.

Der Wetter wartet nicht, wohin der Zufall die Kugel rollt, welche Kugel zuerst fällt oder wie die Karten liegen. Er weiß, was seine getippten Pferde schon geleistet haben und kennt die Gegner mehr oder weniger. Er weiß um das Rennsystem, um die Wettkampfregeln, die Gepflogenheiten der Aktiven des Sports und um Hintergründe Bescheid. Der Totofreund kennt die Spezialisten für bestimmte Rennbahnen, Strecken, Jahreszeiten und unterschiedliche Bodenbeschaffenheit. In Leipzig über den beinahe runden Kurs zu flitzen, ist etwas ganz anderes als in Hoppegarten die langen Linien und den Berg zu bewältigen. Manche Renner galoppieren nur dann vorzüglich, wenn es auf hartem Boden so richtig klappert. Bodenspezialisten rennen im Herbst oft viel besser als sonst irgendwann.

Der gewiefte Rennbahnbesucher weiß auch, daß sich die Rennergebnisse in Kilogramm und Pferdelängen Vorsprung umrechnen lassen, sorgfältig differenziert nach Strecken und Bodenverhältnissen. Er kann die Fachpresse studieren, wo solche Fakten ausführlich beschrieben sind. So wird plötzlich die Wettüberlegung zum Riesenspaß des Knobelns und Rechnens. Darüber kann man mit anderen mitteilungsfreudigen Besuchern fachsimpeln. Pferde und Reiter – ein unerschöpfliches Thema. Aus dem Hobby des Rennbahnbesuchs und Wettens wird eine manchmal alles beherrschende Freizeitbeschäftigung.

Schon aus dem Altertum ist überliefert, daß um Siege und Plazierungen von Pferderennen gewettet wurde. Mancher alte Römer oder Grieche scheffelte so seinen Reichtum zusammen. Und umgekehrt: Blühende Existenzen fielen der Wettleidenschaft zum Opfer.

Im alten England ging es bei Wetten aller Art besonders heiß her, denn dort entstand der moderne Galopprennsport und trat seinen Siegeszug um die ganze Welt an.

Die wilden Spiele der Hasardeure störten indessen das geordnete Renngeschehen, führten immer wieder zu groben Regelverstößen, verärgerten Veranstaltern und Rennbahnbesuchern. Deshalb bildeten sich ziemlich früh vertragliche Wettformen heraus. Neben den Wetten bei Buchmachern mit vorher festgelegten Gewinnkursen (odds) entstand der Totalisatorbetrieb (Toto) auf gesetzlicher Grundlage. Schon im 16. und 17. Jahrhundert wurde in England scharf zwischen dem berüchtigten Abzokker „gambler" und dem braven Wetter, dem „baker" unterschieden.

Der Totobetrieb gewann auch in Frankreich, Italien und Österreich-Ungarn rasch an Boden. In Deutschland wurde er erst 1871 zugelassen, geriet aber bald wieder in das Kreuzfeuer streng konservativer Kräfte. Diese setzten im April 1892 sogar eine Ächtung des Wettens als Glücksspiel durch.

Die Erkenntnis, daß zum Wetten am Toto viel Fachwissen gehört, erreichte auch die konservativen Kräfte. Wer auf den ostelbischen Gütern rauschende Feste feierte, wollte bei Pferderennen bald gern selbst sein Spielchen machen.

Der heutige Totobetrieb auf deutschen Galopprennbahnen erfolgt ausschließlich durch eingetragene, gemeinnützige Rennvereine. Das gilt auch für die deutschen Trabrennbahnen. Sie arbeiten auf der

Grundlage des Tierzuchtgesetzes und des Rennwetten- und Lotteriegesetzes und dürfen keine Profite machen.

Für das Wetten selbst gelten die Bestimmungen der Rennordnung in der Neufassung vom 1. Januar 1991, Abschnitt E **Wettordnung.** Darin sind die Vertragsbedingungen beim Wetten, der Wettabschluß, die Wettuntersagung für bestimmte Personen, die Verantwortlichkeiten, Haftungen, Wettarten, Grundlagen der Gewinnerrechnung, Vorschriften zum Ausfüllen der Wettscheine und anderes genau geregelt. Festgelegt ist darin auch wie zu verfahren ist bei besonderen Vorfällen wie Totes Rennen, ferner bei Nichtstart, bei Ausschluß bestimmter (unzuverlässiger) Pferde (ohne Wetten), bei Protestverfahren gegen den Richterspruch. Die Wettordnung ist auf allen Rennbahnen ausgehängt.

Das hört sich komplizierter an als es ist. In der Praxis funktioniert der **Wettvorgang** ganz einfach. Der Spielfreudige nimmt einen der überall auf der Rennbahn bereitliegenden Wettschein für den Elektronentoto, füllt ihn aus und tätigt am Toto-Schalter seine Wette gegen entsprechende Bezahlung. Das Toto-Personal und viele Rennbahnbesucher helfen und beraten gern.

Die **Gewinnquoten** werden über Lautsprecher und an den Aufzugtafeln bekanntgegeben. Die Quoten beziehen sich immer auf 10 DM Einsatz. Wurde nur mit 2,50 DM gewettet, erhält man ein Viertel der Quote, bei 5 DM Einsatz die Hälfte, bei 20 DM Beteiligung das Doppelte usw. Jeder Wetter kann beliebig viele Einsätze an jedem beliebigen Schalter tätigen.

Mit fünf verschiedenen Wettarten wird den Totofreunden eine große Zahl von Möglichkeiten geboten, das erworbene Fachwissen zu nutzen und sein

Glück zu versuchen. Das Spektrum reicht von der einfachen und naheliegenden Siegwette über die Platzwette mit relativ sicheren Gewinnmöglichkeiten, aber geringen Gewinnquoten bis zu den schwieriger zu treffenden, dafür sehr lohnenden Zweier- und Dreierwetten und deren Kombinationen.

Siegwette heißt die einfachste Wettart. Der Sieger eines bestimmten Rennens ist zu treffen. Die Gewinnchancen richten sich nach der Höhe der gesamten Einsätze für die Siegwette eines bestimmten Rennens und nach der Höhe der auf den Sieger getätigten Wetten. Bei Favoritenankünften liegen die Gewinnquoten etwa zwischen 11:10 und 20:10, oft aber auch bis 30:10, 45:10. Bei Außenseitersiegen kommen nicht selten Quoten von 100:10 und mehr vor. Totale Überraschungen bringen manchmal 500:10 und mehr. Als deutscher Rekord gelten die 3332:10 aus dem Jahre 1979 auf der Galopprennbahn Krefeld.

Gewinnen hingegen heiße Favoriten, wird gelegentlich nur der Einsatz zurückgezahlt (Quote 10:10). Kommen zwei Pferde im toten Rennen ein, was nichts anderes heißt, als daß selbst das Zielfoto keinen minimalen Vorsprung eines Pferdes ausweist, muß geteilt werden. Da kann es sogar vorkommen, daß die Quote 8:10 oder 9:10 lautet. Der Wetter erhält dann weniger als den Einsatz zurück.

Die **Platzwette** gilt als beliebte Spielart für Leute, die relativ sicher gehen wollen, oder für Anfänger. Das gewettete Pferd kann sich als Erster, Zweiter oder Dritter plazieren. Die Gewinnquoten fallen niedrig aus und liegen meist zwischen 11:10 und 20:10, bei Außenseiterankünften etwas höher. Quoten von 100:10 und mehr kommen selten vor. Die Platzwette wird von vielen Rennbahnbesuchern mit hohen Einsätzen gespielt. Beliebt ist auch, getätigte

Siegwetten auf die gleichen Pferde durch Platzwetten abzusichern. Das heißt: Man erhält wenigstens einen Teil der Einsätze zurück, wenn die Pferde nicht gewinnen, sondern Zweiter oder Dritter werden. Bei Favoriten wird freilich recht oft nur der Einsatz zurückgezahlt (10:10).

Bei der **Zweierwette**, früher Einlaufwette, sind der Sieger und der Zweitplazierte in richtiger Reihenfolge zu wetten. Diese ist schwieriger zu treffen. Die Quoten fallen dafür deutlich höher aus als bei der Siegwette, zum Beispiel 25:10 bei Favoriten-Einläufen oder auch 42:10, 57:10. Oft kommen Quoten von 100:10 bis etwa 300:10 vor, seltener 500:10 oder gar mehr als 3000:10. Es gab auch schon sensationelle Quoten in der Größenordnung von 10 000:10 bis 30 000:10 und darüber.

Die **Dreierwette** hieß früher Große Einlaufwette. Der Sieger, Zweite und Dritte eines Rennens sind in richtiger Reihenfolge zu treffen, was logischerweise noch schwieriger ist. Die Quoten liegen meistens zwischen 50:10 und 300:10. Es kommen aber recht oft Quoten von mehr als 1000:10 vor, dann und wann von 10 000:10 und mehr. Damit kann man sogar Millionär werden. Als Rekord gelten die 456 269:10 von 1990 auf der Rennbahn Iffezheim bei Baden-Baden.

Die **Kombinationswette** scheint kompliziert, ist es aber nicht. Die hohen Gewinnquoten der Zweier- und Dreierwette sind in der Regel nur zu treffen, wenn man die Reihenfolge der gewetteten Pferde kombiniert, d. h. untereinander variiert und noch mehr Pferde in beliebiger Zahl in die Kombination einbezieht. Innerhalb der Kombination gilt dann jede Wette als getroffen, egal wie die Reihenfolge lautet. Es darf nur kein anderes Pferd in die Plazierung gelangen. Die Gewinnchancen erhöhen sich, zwangsläufig auch die Wetteinsätze. Die Kombinationswette wird auf einem Wettschein eingetragen. Die Möglichkeiten errechnen sich nach folgendem Schema:

Kombination Zweierwette

	à 2,50 DM	à 10 DM
2 Pferde =		
1×2 = 2 Wetten	5 DM Eins.	20 DM Eins.
3 Pferde =		
2×3 = 6 Wetten	15 DM Eins.	60 DM Eins.
4 Pferde =		
3×4 = 12 Wetten	30 DM Eins.	120 DM Eins.
5 Pferde =		
4×5 = 20 Wetten	50 DM Eins.	200 DM Eins.
6 Pferde =		
5×6 = 30 Wetten	75 DM Eins.	300 DM Eins.

usw.

Kombination Dreierwette

	à 2,50 DM	à 10 DM
3 Pferde = 1×2×3		
= 6 Wetten	15 DM Eins.	60 DM Eins.
4 Pferde = 2×3×4		
= 24 Wetten	60 DM Eins.	240 DM Eins.
5 Pferde = 3×4×5		
= 60 Wetten	150 DM Eins.	600 DM Eins.
6 Pferde = 4×5×6		
= 120 Wetten	300 DM Eins.	1200 DM Eins.

usw.

Natürlich gibt es **goldene Wetterfahrungen.** Man sollte immer vom Fachwissen ausgehen. In der Fachzeitung Sport-Welt werden für jede Veranstaltung Fakten dargelegt und Voraussagen gegeben. Man scheue sich nicht, das anfangs schwer überschaubare Tabellenwerk zu studieren. Es ist logisch aufgebaut und nach kurzer Einführung leicht zu verstehen. Außerdem wird es immer wieder erläutert.

Die Tageszeitungen informieren ebenfalls und geben ihrerseits Voraussagen ab. Diese halten sich in der Regel an die frische Form der Pferde. Doch die aktuelle Form kann immer nur Anhaltspunkte geben. Der Ausgang der Rennen wird mehr oder weniger von der Tagesform der Pferde und Reiter und vor allem vom Rennverlauf mit seinen Taktiken und Zwischenfällen beeinflußt.

Den sogenannten totsicheren Tip gibt es nicht, nur mehr oder weniger große Wahrscheinlichkeiten. Es bleibt die glorreiche Ungewißheit des Turfs, ein geflügeltes Wort, immer gut für Überraschungen, Schlagzeilen und viel Spannung. Das ist die Turfregel Nummer 1.

Nicht in jedem Rennen sollte ein Wetter sein Spiel machen. Das ist die goldene Regel Nummer 2. Alle acht, neun oder gar zehn Sieger eines Renntages treffen zu wollen, ist eine Illusion. Manche behaupten, das wäre ihnen schon gelungen. Bewiesen hat es noch keiner. Richtig ist, sich auf Schwerpunkte zu konzentrieren. Ein Wetter sollte nie vergessen, daß eine Serie von Spielverlusten am besten durch Besonnenheit ausgebügelt werden kann. Aber wie leicht verläßt der Spieler bei Verlusten seine vorher sorgfältig ausgeklügelte Marschrichtung und vertraut plötzlich auf undefinierbares Glück.

Wer wetten will, sollte sich vorher die Pferde im Führring, bei der Parade und beim Aufgalopp ansehen. Sowieso ist das ein Augenschmaus, und außerdem ist da immer etwas los. Widerborstigkeiten der Tiere, übergroße Nervosität und starkes Schwitzen deuten auf negative Einflüsse hin. Sicher ist das freilich nicht. Am besten sind solche Hinweise zu bewerten, wenn man das normale Verhalten der Pferde kennt und plötzlich Veränderungen wahrnimmt. Denn Rennpferde sollen Temperament und Dynamik zeigen, und bei 30 Grad im Schatten schwitzen alle auf der Rennbahn.

Wichtig ist es, auf die bekannten Spezialisten zu achten. Für Sprinter (Flieger) werden die 1600 Meter schon weit, besonders in Hoppegarten. Für Steher sind 2000 Meter oft noch zu kurz. Faustdicke Überraschungen liegen nach Regengüssen in der Luft. Dann kommen oft Bodenspezialisten zur Geltung, die vorher kaum eine Rolle spielten. Die Fachzeitung gibt viele Auskünfte. Noch mehr kommt es auf das gute Gedächtnis der Wetter an.

Nicht wenige Totofreunde halten sich einfach an bestimmte Jockeis, die gerade erfolgreich operieren oder die sie besonders mögen. Generell sollten die Reiter bei den Wettüberlegungen ihre wichtige Rolle spielen. Einem Jockei in Hochform gelingt oft am gleichen Tage eine ganze Siegesserie. Bei guten Jockeis sind Wetten allemal sicherer angelegt als bei Gelegenheitsreitern. Ein erfolgreicher Reitkünstler bestreitet die Wettbewerbe mit ganz anderem Selbstvertrauen als ein oft geschlagener Kollege. Völlig abgebrüht sind die wenigsten.

Starten in einem Rennen mehrere Pferde des gleichen Trainers, dann trifft der sogenannte **Stalljockei** die Wahl des zu reitenden Pferdes. Er kennt die Tiere von den vorherigen Rennen und vom Training her am besten. Aber auch das sind alles nur Anhaltspunkte und keine Gewißheiten.

Andere Hinweise liefert die sogenannte **Stallform.** Wenn es bei einem Stall so richtig rollte, gelingt seinen Pferden und Reitern mehr als üblich. Umgekehrt trifft das für die Verlierer zu. Das hat mit der Atmosphäre im Stall und im Team, mit dem

Selbstvertrauen und den Realitäten zu tun, und ist nicht zu definieren.

Wetten außerhalb der Rennbahn kann jeder Erwachsene auch bei den staatlich zugelassenen Buchmachern, die in vielen Orten Wettläden unterhalten, selbstverständlich auch in Berlin. Sie bieten ihre Dienste entweder zu fest vereinbarten Kursen (Quoten) an oder zu den üblichen Totobedingungen unter Abzug von Provision und Steuern. Letzteres hat den Vorteil, daß die abgeschlossenen Wetten nicht die Gewinnquoten beim Toto selbst beeinflussen. Das spielt insbesondere für hohe Wettbeträge und bei Außenseitern eine Rolle. Bei den Buchmachern können darüber hinaus etwas exotische Wetten wie die sogenannte Verbindungswette, die Yankee-Wette und die Placepot-Wette abgeschlossen werden.

Neu ist seit dem Jahre 1992 die **Telewette** in Zusammenarbeit mit SAT 1. Es kann per Telefon von extra einzurichtenden persönlichen Wettkonten zum Rennen der Woche gewettet werden. Der Sender vermittelt Zusatzinformationen und überträgt das Rennen. Auch gibt es zusätzliche Gewinnmöglichkeiten für die richtige Voraussage.

Eine echte goldene Regel gilt für alle: Wetten Sie nicht bei wilden Buchmachern, den Nachfolgern der „gamblers" aus dem alten England. Sie könnten auf Lebenszeit von allen Rennbahnen verwiesen werden und vor Gericht kommen.

Und was die computergestützten neuartigen totsicheren Systeme anbetrifft – bisher gelang es nicht, das computererrechnete Weltklassepferd zu züchten. Die Turfmilliardäre der Welt haben alle ihr Geld woanders gescheffelt und mancher englische Buchmacher ging fast Pleite, als man es auf der Insel mit computergestützten Kunstrennen probierte – wegen Langeweile des Publikums.

Die Zucht von Klassepferden

Manche Pferdeliebhaber – so der Schlagerstar Bing Crosby – sagen, es sei wie eine Droge. Andere vergleichen den Vorgang mit einem Puzzlespiel. Markus Buchner, der Chef des Graditzer Gestüts, teilt die Überzeugung: „Vollblutzucht ist eine Philosophie."

Wie auch immer: Die Idee für einen schnellen Galopper entsteht meistens in einem wohl überlegten Planspiel, oft auch in einer Trainerrunde im Stall, bei einem zufälligen Besitzergespräch auf der Tribüne, bei einer Siegesfeier in der Jockeikneipe. Zehntausende von Paarungsvarianten sind möglich – man braucht aber erst einmal eine gute Idee.

Die internationale Vollblutzucht ist ein einzigartiges Experimentierfeld. Allein das Studium der Fachliteratur und der Pedigrees (Stammbäume) gleicht einem Puzzle ohne Ende. Der Züchter versucht, anhand der großen internationalen Treffer zu vergleichen, ähnliche oder neue Kombinationen anzustreben und in der Praxis auszuprobieren.

Viele Vollblutzüchter suchen die Verknüpfung der erfolgreichen Hengstlinien. Die Linie des überragenden Kanadiers Northern Dancer und die Hyperions stehen noch immer im Mittelpunkt des Züchterinteresses. Auch Blushing Groom und Sharpen Up sind solche internationalen Renner. In der deutschen Zucht wird immer wieder die Linie von

Birkhahn bevorzugt, der Doppelderbysieger von 1948 in Hoppegarten und Hamburg gewesen ist. Viele andere erfolgreiche Linien sind ebenfalls im Spiel.

Der genetische Zufall spielt natürlich seine Rolle. Aber die Trefferquote erhöht sich, wenn die altenglische Regel eingehalten wird, nur Bestes mit Bestem zu paaren. Verstößt man dauerhaft gegen dieses Prinzip, stellen sich bald Rückschläge und Degeneration ein. Das Prinzip verlangt heutzutage, über die Ländergrenzen hinwegzusehen. Ständige Blutauffrischung ist erforderlich.

Das verlangt mitunter Millionen-Investitionen. Ein Spitzenhengst kostet mehr als ein international gefragter Fußballprofi. Weil die Summe nicht ohne weiteres von einem einzelnen Pferdeliebhaber oder Gestüt aufgebracht werden kann, hat man z. B. das Sharing erfunden, das Zahlen von Anteilen. So ergeben sich Besitzergemeinschaften, und die Objekte ihrer Begierde nennt man u. a. Syndikatshengste.

Erstklassige Zuchtstuten sind nur mit Glück zu erwerben. Für ihre Schwestern und Töchter, oft sogar für die Enkelinnen, muß ebenfalls viel investiert werden. Zwangsläufig kostet ein Jährling, der von solchen Zuchtgrößen abstammt, ein Vermögen. Natürlich kann sich der Bestitzer solcher Tiere im Erfolgsfall umgekehrt mit den Einnahmen aus Renngewinnen, mit den Decktaxen der Hengste, die bisweilen mehr als 300 000 DM pro Paarung betragen, oder mit dem Weiterverkauf trösten. Dabei wird nicht nur anhand der Rennerfolge selektiert, sondern auch nach anderen Gesichtspunkten.

Das Äußere der erfolgreichen Vollblüter spiegelt in der Regel ihre Lebenskraft wieder. Sprinter- und Stehereigenschaften lassen sich da interpretieren. Lange Zeit galt der Steher für Strecken von 2200

Metern und mehr mit hohem Speed (Spurtfähigkeit) als das Idealpferd. Doch für die Vererbung erwiesen sich nicht selten die Sprinter und Mittelstreckenpferde als besser.

Das Kreuzen von Stehern mit Fliegern erfordert große Sachkenntnis und viel Gefühl. Heute sind die Meilenpferde für die 1600 Meter und die Mittelstreckler – um 2000 Meter – sehr gefragt. Angesichts der Kostenexplosion wird immer häufiger auf Frühreife gezüchtet. Doch wo beginnt die Gefahr des Übertreibens und der Degenerationserscheinungen? Wenn das nämlich passiert, ist es zu spät. Auf den Nerventyp der zu paarenden Pferde kommt es auch an. Nervenbündel plus Nervenbündel – das geht selten gut.

Unerwünschte Eigenschaften dürfen bei der Zuchtwahl nicht übersehen werden. Das Gestüt Lehn erwarb in den fünfziger Jahren eine gutklassige Stute namens Osterwunder. In Hoppegarten gewann sie 1957 drei große Rennen. Ihr Sohn Osterwind brachte es sogar zum Derbysieger. Die meisten Kinder und Enkel der Stute konnten flitzen. Osterwunder selbst verfügte nicht nur über Schnelligkeit in ihren Hinterbeinen, sondern auch über gewaltige Schlagkraft. Wenn sie auskeilte, wackelten nicht selten die Stallwände. Zahlreiche Nachkommen machten ihr das nach. Eine entsprechende Erbanlage muß also dagewesen sein. Den Rest guckten die Fohlen den Müttern ab.

Ein Nachkomme Osterglaubes hieß Omsk. Die Stute war weit und breit die Schnellste. Aber am Start erschlug sie beinahe einen Helfer. Nach weiteren Dramen gab man es mit ihr auf.

Die Verwendung hervorragender Zuchthengste und Mutterstuten bietet am ehesten Möglichkeiten, selbst Klassepferde zu züchten. Garantiescheine sind das aber nicht. Außerdem sind solche Zuchtpferde ein teurer Luxus. Vollblutzucht betreiben vor allem die großen Gestüte und gestütsähnliche Betriebe.

Viele Züchter müssen mit bescheideneren Mitteln auskommen. Logischerweise fallen ihre Trefferquoten weitaus geringer aus. Akzeptable Vollblüter für den Durchschnittssport wird man allenthalben erreichen. Sie werden sogar in großer Zahl benötigt. Aber das kann nicht das Zuchtziel sein: Man riskiert die Gefahr der Degenerierung.

Freilich wird sich aus der Masse der Durchschnittspferde dann und wann das eine oder andere Klassepferd abheben, wenn nach dem Vorbild der internationalen Zuchtgrößen sorgfältig und mit viel Fingerspitzengefühl selektiert wird. Vollblutzucht ist Passion. Die schnelle Mark ist damit keinesfalls zu erzielen.

Sicher kann ein erfahrener Pferdeliebhaber auf eigenem Grundstück Vollblüter selbst züchten. Ein paar Voraussetzungen müssen unbedingt stimmen – genügend Weideflächen, ein guter Stall, die notwendige Hygiene, bestes Futter und die Geselligkeit einer kleinen Herde. Das müssen gar nicht alles Vollblüter sein.

Die Freude der Menschen edle Pferde zu züchten ist uralt. Schon der Paarungsakt, die Bedeckung wie es in der Fachsprache heißt, vermittelt etwas Urwüchsiges. Mit großer Anteilnahme kann der Züchter später das Verhalten der Mutterstute in der elfmonatigen Tragezeit beobachten.

Ein Naturschauspiel ist die Geburt. Die weitaus meisten Fohlen kommen nachts zur Welt, eine Schutzvorrichtung der Natur beim Herdentier Pferd.

Auf freier Wildbahn würden sich die anderen Stuten der Herde im Kreis um Mutter und Fohlen legen und sie gemeinsam verteidigen.

Wenn es die Sonne im Frühling gut meint, springen die Jungen schon nach wenigen Tagen um die Mütter herum, spielen, jagen sich und sammeln Lebenserfahrungen. Ungestörte Aufzucht in der Herde spielt eine Riesenrolle. Krankheiten in den ersten Lebenswochen können schwerwiegende Nachteile für das kommende Rennpferd haben. Oft wundert sich die Turfwelt, daß der eine Bruder einen Renner à la carte darstellt, der andere eine totale Niete. Dabei haben sich die anderen Bedingungen des Umfeldes nicht verändert. Nicht immer ist das auf das Spiel der Gene zurückzuführen, oft reichen da Störungen während des Wachstums hinein.

Spätestens mit dem Absetzen des Fohlens von der Mutter gehört die Zucht von Vollblutpferden in die Hände von Fachleuten. Die jungen Tiere müssen frühzeitig an den Menschen, an die Pflegemaßnahmen und bestimmte Rhythmen gewöhnt werden. Optimale Fütterung und Hygiene und die Konsultation des Tierarztes wären vorauszusetzen.

Wirklich gute Aufzuchtbedingungen bieten nur Gestüte oder gestütsähnliche landwirtschaftliche Betriebe. Obwohl im Durchschnitt zwei bis drei Mutterstuten auf einen Züchter entfallen, wächst weit mehr als die Hälfte der Vollblüter in größeren Zuchtstätten auf. Kleine Züchter geben ihre Stuten mit der Nachzucht gern dorthin in Pension. Sie können sie dort besuchen und intensiv am Werden Anteil nehmen.

Das Vertrauensverhältnis zwischen Pferd und Züchter kommt später dem Training und dem Jockei im Rennen sehr entgegen. Sogenannte diffizile Vollblüter, im Extremfall mit dem häßlichen Wort

Anzeigetafel: Erstinformationen für die Wettenden

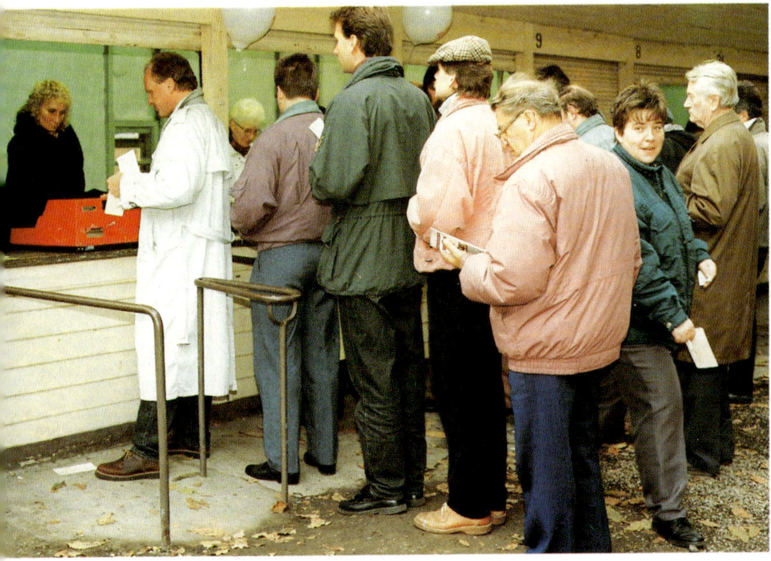

Totalisator herrscht immer Andrang

Andrzej Tylicki

Lester Piggott

Peter Alafi

Lutz Pyritz

ualdo, der Sieger beim Preis der Landesbank Berlin 1992

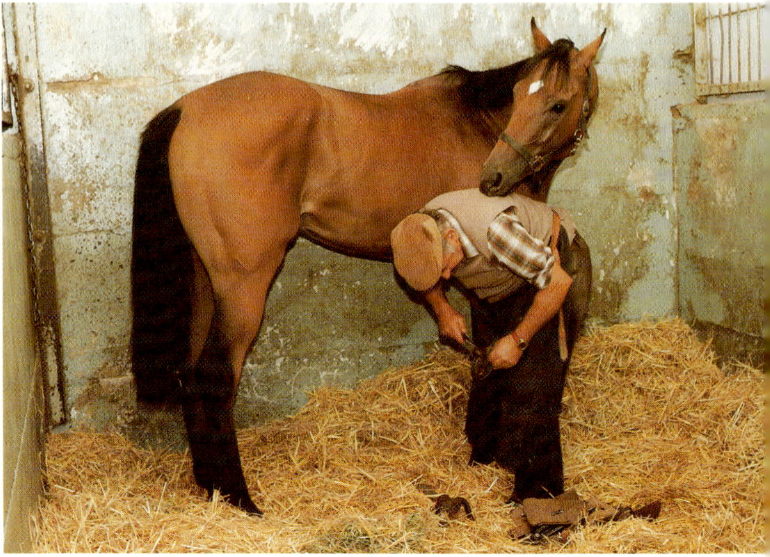

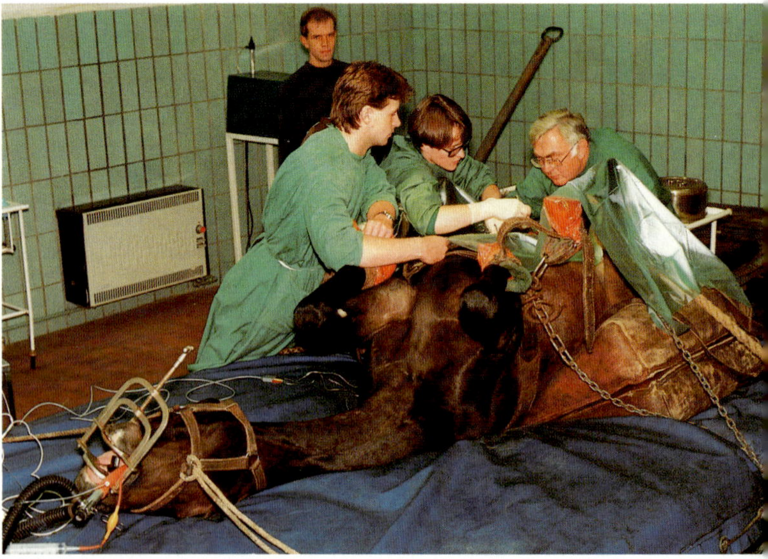

e Rennreiter Ronald Lenz und Maik Mint vor der
rgenarbeit (links)

termeisterin Ira Draheim bei der Menüvorbereitung
chts)

ter den Kulissen von Hoppegarten:
fschmied Horst Denker beim Beschlagen (links oben)

rarzt Dr. Wilfried Richter mit Assistenten bei einer
beloperation (links unten)

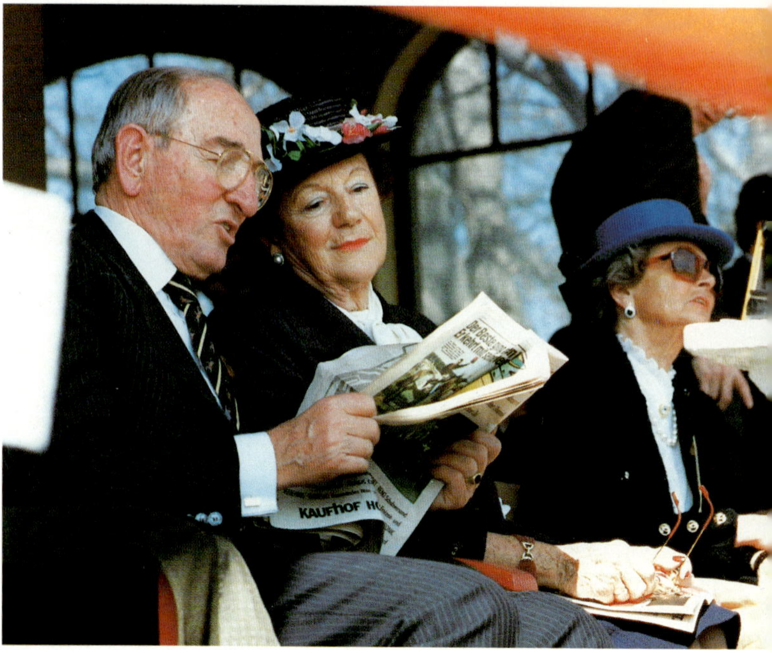
KAUFHOF

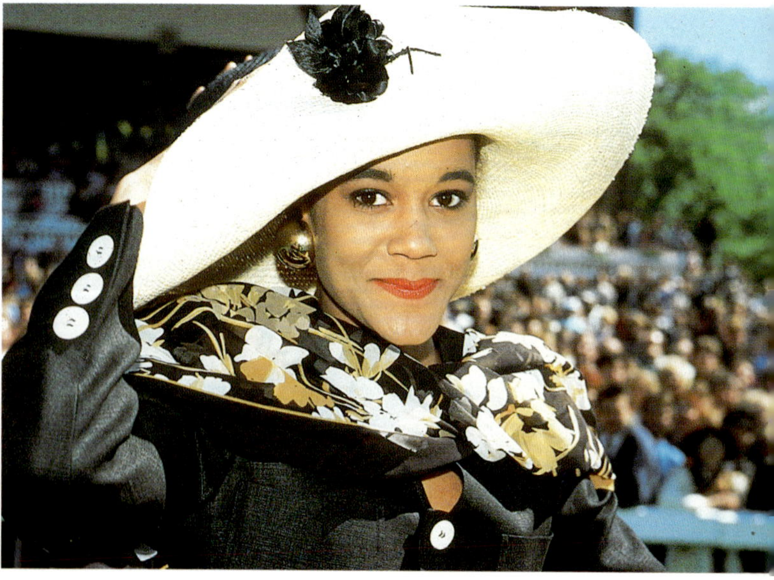

*pegartener Turfveteranen: Walter Zimmermann,
li Schmidt und Walter Genz

*tschlands erfolgreichster Pferdezüchter Walter Jacobs
seiner Gattin auf der Ehrentribüne (links oben)

*gefallene Hutmoden gehören zu jedem Galopprenntag
ks unten)

Nach dem Start zum 2400-Meter-Rennen

„Verbrecher" betitelt, wurden fast immer falsch er-
zogen. Freilich spielen ungünstige Erbanlagen eine
Rolle.

Im Jährlingsalter machen die jungen Vollblüter
weitere Gehorsamsübungen. Sie werden an die
Trense gewöhnt und äußerst vorsichtig an das Auflegen des Sattelgurtes und später des Sattels. In pro-
gressiven Zuchtstätten wird auch antrainiert. Die
jungen Renner werden gruppenweise in bestimmten
Tempi und auf verschiedenen Strecken bewegt, später einzeln longiert und vorsichtig geritten. So können die Gestütswärter später den Trainern wichtige
Details über jedes Tier mitteilen.

Im Herbst gelangen die Einjährigen, die Jährlinge
in die Rennställe. Der Begriff Jährling führt übrigens leicht zu einem Trugschluß. Vollblüter werden
grundsätzlich nur in der ersten Jahreshälfte geboren.
Würden sie später zur Welt kommen, wären sie den
anderen gegenüber im ganzen Aufzucht- und Trai-
ningsprozeß und in den Rennen für Zweijährige und
Dreijährige im Nachteil. Schon Mai-Fohlen haben
es schwer, sich in der Fohlen- und Jährlingsherde zu
behaupten. Sie werden von den Stärkeren leicht an
den Rand gedrückt. Später gleichen sich die Nachteile zwar aus, doch wäre es sehr kostspielig, mit
dem Renneinsatz lange warten zu müssen, etwa bis
vierjährig. Die Zuchtstuten werden daher nur zwischen Februar und Juli gedeckt.

Manchmal bringt der Zuchtbetrieb auch Kuriosa
hervor. Die Stute Pfalztochter vom Hoppegartener
Rennstall Uckermark gewann 1961 mit einem Fohlen im Leib überlegen den hochdotierten Preis der
Flieger in Halle und den Saxonia-Preis in Leipzig,
zwei der damals wichtigsten Kurzstrecken-Rennen.
Die Stute konnte im Training 1000 Meter in einer

Minute bewältigen. Das bedeutete damals inoffiziellen Bahnrekord. Daß die langaufgeschossene, extrem schlanke, beinahe dürre Pferdedame jedoch tragend war, ahnte niemand, konnte man beim besten Willen nicht sehen. Das Gestüt hatte sie in den Rennstall zurückgeschickt, weil sie angeblich nicht befruchtet war.

Zwillinge machen im Rennsport selten von sich reden. Sie sind nach der Geburt lebensssschwach oder benötigen viel Zeit, um die körperliche Entwicklung der Jahrgangsgefährten aufzuholen. Zeit bedeutet im Galoppsport jedoch viel Geld. Berühmtester Zwilling der Turfgeschichte ist Bachelor's Double, Sieger im Irish Derby und im Royal Hunt Cup, später ein sehr erfolgreicher Zuchthengst.

Weil die Vollblutzucht soviel Geld kostet, soll sie nach Möglichkeit auch viel einbringen. Für 13,1 Millionen Dollar wurde auf der Keeneland-Auktion in Kentucky (USA) der Jährling Seattle Dancer, ein Enkel von Northern Dancer, versteigert. Das bedeutete neuen Weltrekord. Seit 1983 hielt Snaafi Dancer mit 10,2 Millionen Dollar die Spitzenposition für Jährlinge. Der Besitzer freilich hatte mit seinem Goldstück Pech. Zuerst erwies sich der Hengst als rennuntauglich und dann in der Zucht als beinahe unfruchtbar.

Die 300 000 DM für den Jährling Diamantino auf der Badener Auktion von 1991 lesen sich da fast bescheiden. Nur 36 000 DM kostete der Hengst Koriander am gleichen Tage. Als er jedoch 1992 in einem großen Zweijährigen-Rennen der Konkurrenz davonlief, wurde der gleiche Hengst für 300 000 DM weiterverkauft.

Auf der gleichen Auktion erzielte der Hengst Dances with Wolves (Tanz mit den Wölfen) aus

dem Nobelgestüt des Ehepaares Steigenberger
160 000 DM. Das erscheint wenig, denn er stammt
ab von Surumu, dem Vater von Acatenango und
Großvater von Lomitas. Mal sehen, wie er seinen
Tanz mit den Wölfen drehen wird, sagten die Augu-
ren des Rennsports.

Der Superhengst Shergar, der 1981 angeblich ent-
führt wurde, hatte einen Taxwert von 10 Millionen
Dollar, was 1981 noch eine Riesenmenge Geld war.
Der Zuchthengst Blushing Groom, eines der ganz
großen Renn- und Zuchtpferde der letzten beiden
Jahrzehnte, wurde 1974 von Aga Khan für knapp
100 000 Dollar ersteigert. Sein Versicherungswert
betrug vier Jahre später 6,26 Millionen Dollar. Die
Bedeckung einer Stute durch den Hengst kostete allein 150 000 Dollar. Auch da steigen die Preise. Für
den sehr gefragten Hengst Nureyev wurden 1992
schon 250 000 Dollar Decktaxe verlangt.

Der Jährling Nijinsky, ein Northern Dancer-Sohn,
kostete 1968 seinen Käufer 84 000 Dollar, was für
Kanada einen Rekord bedeutete. Er avancierte zu
einem der internationalen Asse, die sich um den Titel Pferd des Jahrhunderts streiten. Für 5,44 Millionen Dollar wurde er 1971 syndikalisiert. Wer einen
Anteil erwischte, zählte zu den größten Glückspil-
zen der letzten zwei Jahrzehnte. Als Taxwert des
französischen Cracks Suave Dancer, 1991 Sieger im
Derby und im Prix de l'Arc de Triomphe, wurden
1992 schon 5 Millionen Dollar genannt. 45 000 Dollar kostete er 1989 auf der Keeneland-Auktion in
den USA.

Auch Deutschland kennt solche Beispiele. Da
gibt es einen Mann aus Baden-Baden namens Ar-
nold Nothdurft. Der hat reichlich Geld und nahm
sich die Ölscheichs zum Vorbild. 1,5 Millionen DM
blätterte der Mann aus der Fensterbranche hin und

erwarb den vierjährigen Hengst Pigeon Voyageur in Frankreich. Der sollte dem deutschen As Lomitas das Fürchten lehren.

Doch mit dem nervösen Renner ging alles schief. Der Frankreich-Import brachte auf keiner deutschen Rennbahn auch nur eine Mark ein.

Eine Dreiviertelmillion kostete dann der hochgelobte zweijährige Autocrazy aus England den Baden-Badener Geschäftsmann. Es wurde der nächste Reinfall.

Der Winterfavorit Vincenzo war bei den Steigenbergers nur für eine knappe Million zu haben. Über mäßige Ansätze im Frühjahr 1992 kam der Hengst nicht hinaus. 15 Millionen DM soll der Baden-Badener insgesamt angelegt haben. Ob er nach soviel Pech züchten will, wagt die Fachwelt zu bezweifeln.

Zuweilen kann man ganze Gestüte kaufen, zum Beispiel wenn die Erben berühmter Züchter nicht mehr interessiert sind oder wenn langjährig die Erfolge ausbleiben. Auch die Allergrößten der Vollblutzucht haben kein Dauerabonnement auf Sieg und Geld. In jedem Gestüt hängt die Leistungskurve zuweilen durch. Das erlebte schon wiederholt die Queen. Auch um solche gestandenen deutschen Gestüte wie Schlenderhan, Röttgen oder Zoppenbroich sah es Anfang der neunziger Jahre nicht rosig aus. 1992 wurde sogar die Calumet Farm versteigert, jahrzehntelang führend in der Vollblutzucht der USA. Noch 1991 hatte ihr Pferd Strike the Gold (Goldschläger) das Kentucky Derby gewonnen. Doch finanzielle Rückschläge führten zur Katastrophe. Für 17 Millionen ging die Farm bei der Versteigerung weg. Für ganze 175 000 Dollar erwarb ein Turffan den geschützten Namen Calumet Farm. Ein Witzbold bekam für 12 000 Dollar die rot-blauen

Rennfarben zugeschlagen, die in Amerikas großen Rennen so oft vorn aufgetaucht sind. Das Ende einer Ära. Welcher Turffreund hätte das für möglich gehalten!

Die Besitzer

Ein eigenes Galopprennpferd zu besitzen und dann noch zu gewinnen – was für ein Gefühl! Viele Rennbahnbesucher träumen davon. Wenigen ist es vergönnt, das auszukosten. Denn Rennpferde zu kaufen oder zu unterhalten, sind teure Vergnügen.

Allerdings verschafft sich der gestandene oder neue Besitzer eine enge Bindung zu einem ganz besonderen Stück Natur. In unserer technisierten Welt kann er das eigene Rennpferd bequem im Stall besuchen, es lange bewundern, liebkosen und an seinem Werdegang teilnehmen. Die Spannung um die Entwicklung des eigenen Renners steigert die Faszination Turf.

Nur knapp 2000 Leute in Deutschland leisten sich diesen Luxus. Sie teilen sich die 4600 Rennpferde. Auf 40000 Einwohner kommt also ein Rennpferdbesitzer.

Die Großeigner im internationalen Turf gelten als Medienstars wie die Spitzenpferde selbst. Die Familie der Ölscheichs al Maktoum aus Dubai mit ihren über 800 Rennern in Europa und weiteren in den USA und Australien gehört dazu. Ihr Hengst George Augustus machte 1991 auch in Hoppegarten beim Prix Zino Davidoff Furore.

Die Gewinnsummen sind hoch und spielen doch im Verhältnis zu den Öleinnahmen der Familie eine untergeordnete Rolle. Der sportliche und der gesellschaftliche Reiz gilt als treibende Kraft. Die Maktoums sind seit 1976 die mit Abstand größten Käufer von Vollblütern in der Welt. Inzwischen rekrutieren sie einen Großteil der Pferde, die sie weltweit an den Start schicken, aus eigener Zucht.

Weltberühmt ist auch der Rennstall des Prinzen Karim Aga Khan. Dieser ist religiöses Oberhaupt der Ismaeliten in aller Welt. Sein Pferdebestand ist ein Werk von Generationen, womit diese Familie die internationale Vollblutzucht und den Galoppsport seit vielen Jahrzehnten ungemein bereichert hat.

Der Rennstallbesitzer Aga Khan galt einst als konkurrenzlos. Seine Nachahmer aus dem Scheichtum Dubai haben es da schon schwerer. Inzwischen wird beispielsweise Daniel Wildenstein als französische Antwort auf die Maktoums bezeichnet. Auch Prinz Fahd Salman in England kommt immer mehr auf, und nicht zu vergessen das Gestüt Fährhof in Deutschland. Hinter letzterem Namen – amtliche Bezeichnung: Deckname – verbirgt sich der erfolgreichste deutsche Züchter: Walther J. Jacobs. Offenbar versteht der Mann von Vollblütern ebensoviel wie vom Kaffee. Asse wie Surumu, Acatenango und Lomitas mit ihren gelb-schwarzen Rennfarben stehen dafür.

Was auf dem deutschen Turf „Rot, blaue Ärmel und schwarze Kappe" bedeutet, wissen die meisten. Das sind die Rennfarben des Gestütes Schlenderhan der Familie von Oppenheim und ihrer Erben. Mit ihnen liefen die Wallenstein, Prunus, Oleander, Alba, Sturmvogel, Schwarzgold und Magnat vor 1945 ihre Siegesserien in Hoppegarten. Das Gestüt unterhielt damals in Neuenhagen seinen mustergültigen Rennstall. Heute werden die Schlenderhaner in Köln von Heinz Jentzsch und in Neuss von Hans

Albert Blume trainiert. Eine winzige Filiale besteht vorerst wieder in Hoppegarten.

Andere große deutsche Besitzer sind das Ehepaar Steigenberger und der Bankier Helmut von Finck. Große Ställe heißen Mabrouk, Marcassargues, Imperator und Nordpol. Zu den größten deutschen Gestüten gehören Ittlingen, Auenquelle, Röttgen, Zoppenbroich, Ebbesloh, Erlengrund und Sybille.

In Hoppegarten geht es gegenwärtig geschäftlich noch recht zaghaft zu. Die großen Ställe sind zwischen 1945 bis spätestens 1961 abgewandert und haben woanders ihre Boxen eingerichtet. Köln avancierte zur wichtigsten Trainingszentrale, konnte aber nie an die einstige Rolle Hoppegartens anknüpfen. In Hoppegarten treten 1992 wieder die Filialen der Gestüte Sybille und Auenquelle hervor. Hinter dem einen Decknamen verbirgt sich der Hoppegartener Rennvereinspräsident Kurt Becker, hinter dem anderen stehen Vizepräsident Karl-Dieter Ellerbracke und sein Teilhaber Peter Endres, die sich gleich mit der politischen Wende für Hoppegarten stark machten. Bedeutende Besitzer sind auch das Gestüt Güthler Hof aus Bayern, die rennsportbegeisterte Familie Stevens mit dem Stall Elias und ein italienischer Horseman mit dem Stall Arte.

Turfglück, Spielleidenschaft oder Publicity? Was treibt einen prominenten Fußballspieler wie Klaus Allofs in den Kreis der Rennstallbesitzer? Er ist einfach Fan und Zocker wie so viele. Als er nach Frankreich übersiedelte, ließ ihn die zweite Leidenschaft nicht los. Dort traf er auf den Turfplätzen seinen alten Fußballrivalen Michel Platini wieder. Auch der französische Nationaltrainer geht – sportlich gesehen – fremd. Die Steigenbergers hat das so beeindruckt, daß sie ihren besten Hengst Platini nannten.

So mancher **Künstler** hat sich dem Turf verschrieben. Jahrzehntelang sang Hollywood-Star Bing Crosby nicht nur „White Christmas", sondern hatte auch Erfolg als Pferdebesitzer. Zu Beginn der neunziger Jahre stieg Blake Carrington, alias John Forsythe, in die Branche ein. Seine berühmte Kollegin Audrey Landers findet neben der Fernsehserie „Dallas" auch die Publicity mit großem Hut und eigenem Rennpferd ganz toll. Die Stimmungskanone Tony Marshall ist seit Jahren an einem Rennstall beteiligt. Man weiß, was sich für Geldadel geziemt. Er stammt schließlich aus Baden-Baden.

Doch nicht nur die Reichen engagieren sich als Besitzer. Der Mittelstand ist ebenfalls stark vertreten. Und kleine Leute haben zusammengelegt. Sie können gemeinsam eines oder mehrere Pferde unterhalten. Der Spaß, aber auch die Passion ist riesengroß. Das letzte Taschengeld wird geopfert. Und alles wartet auf den großen Wurf.

Den größten Coup landete der amerikanische Fahrradhändler Sam Rubin, als er bei einer Auktion in den USA einen mickrigen Einjährigen namens John Henry ersteigerte. Die 2200 Dollar sollen ihm sehr schwer aus der Tasche geflossen sein. Doch seit langem besuchte er die Rennbahnen, und einmal schlug er halt zu. Sein Pferd gewann nicht weniger als 39 Rennen und 6 592 000 Dollar. Bis zum 5. November 1988 galt diese Gewinnsumme als Weltrekord. Dann legte der berühmte Crack Alysheba einen für 6 679 242 Dollar drauf.

Drei Millionen Dollar sind allein beim Breeder's Cup Classic in den USA zu gewinnen, 8,5 Mill. Franc beim Prix de l'Arc de Triomphe in Paris, 424 000 Pfund bei den King George VI. and Queen Elizabeth Diamond Stakes in Ascot und 700 000 DM beim

BMW Europachampionat der Dreijährigen in Hoppegarten – was für Gewinnchancen!

In aller Welt steigen die Gewinnprämien, in Tokio und Hongkong sogar sprungshaft. Jeder kann sein Glück als Besitzer versuchen, wenn es der Geldbeutel hergibt. Er hat die besseren Chancen, weil er von seinem Rennstallteam Bescheid bekommt,wann das Pferd in Topform ist und eine Wette mehr Gewinn verspricht.

Eine Karriere als Rennpferdbesitzer erfordert Passion, Liebe zum Pferd, Geduld und eine gewisse Großmut. Die Konkurrenz liegt ständig auf der Lauer. Viele Risiken drohen. Selbst Klassepferde geben keinen Garantieschein für Renngewinne. Schnell werfen Verletzungen, Krankheiten, Trainingsfehler oder unglückliche Ritte der Jockeis die schönsten Hoffnungen über den Haufen. Wer langfristig sagen kann, seine Pferde hätten sich selbst getragen, kann zufrieden sein.

Was im deutschen Galopprennsport zu gewinnen ist, zeigt die Hitliste der erfolgreichsten Zehn:

Platz	Name	Geburts- jahr	Gewinn- summe (DM)
1.	Mondrian	1986	1888255
2.	Acatenango	1982	1744541
3.	Star Appeal	1970	1493413
4.	Windwurf	1972	1315640
5.	Lomitas	1988	1305500
6.	Nebos	1976	1265955
7.	Platini	1989	1209000
8.	Lombard	1967	1135000
9.	Orofino	1978	1121925
10.	Turfkönig	1986	1078081

Das war der Stand am Ende des Jahres 1992. Da befanden sich der in Hoppegarten siegreiche Platini und der ein Jahr ältere Lomitas noch im Training und hatten die Chance, ihr Gewinnkonto weiter aufzubessern.

Schlagzeilen machen natürlich auch **die verpaßten Gelegenheiten.** So wurde der Hengst Pik König 1990 auf der Badener Jährlingsauktion für 80 000 DM angeboten, fand aber keinen Käufer, nicht einmal in einer Nachverhandlung für 56 000 DM. Er siegte 1992 im BMW Deutschen Derby und rächte sich mit 562 550 Gewinnsumme für den Nichtkauf. Doch sein glücklicher Alt-Besitzer Albert Darboven lernte bald selbst die Kehrseite des Glücks kennen. Beim Großen Preis von Baden zog sich der Hengst einen komplizierten Knochenbruch zu, weswegen er getötet werden mußte. So schnell reifen und welken Blütenträume auf dem Turf.

Ganze 9000 DM kostete der Hengst Philippo auf der Badener Jährlingsauktion 1984. Dann gewann Philippo das Deutsche Derby und insgesamt 450 000 DM. Lesbos, sein Nachfolger als Derbysieger, war für 30 000 DM zu haben gewesen und bewegte sich später in der gleichen Größenordnung. 1956 kostete die beinahe häßliche Jährlingsstute Arroganz 3600 DM. Sie kam nach Hoppegarten, war bald Spitzenpferd, gewann den Großen Preis und lief in Budapest Bahnrekord.

Die Frage nach dem Geld wirft auch die nach den **Unterhaltskosten** auf. Als normal galt 1992 ein monatliches Trainingsgeld von 1200 DM. Hinzu kamen Ausgaben für den Schmied, den Tierarzt, die Versicherung und Transportkosten, Reitgelder für die Jockeis, und die Nenngelder, die bei großen Rennen sehr erheblich sind. Da sind im Jahr schnell 16 000 bis 20 000 DM zusammen, für die Klassepferde noch wesentlich mehr. Von den Renngewinnen fallen zehn Prozent an den Trainer und bei einem Sieg fünf Prozent an den Jockei.

Wie kommt man überhaupt zu einem Rennpferd? In der Regel wird man die Auktionen des In- und Auslandes besuchen und sich von einem Trainer beraten lassen. Grundwissen durch die Rennbahnbesuche ist wichtig. Der Kauf selbst ist eine zutiefst individuelle Angelegenheit mit Beobachtungsgabe und Gefühl.

Ein anderer Weg ist der Kauf über Agenturen, die auf ihren guten Ruf bedacht sind. Natürlich lassen sie sich ihre Dienstleistungen stramm bezahlen.

Die Bewerbung per Annonce in der Fachzeitung Sport-Welt oder im Wochen-Rennkalender des Direktoriums für Vollblutzucht und Rennen wäre ein dritter Weg, die einfache Anfrage bei Trainern und bekannten Besitzern ein vierter. Auch das Pachten von Rennpferden ist möglich. Und die Beteiligung an Besitzergemeinschaften. Viele Wege führen zu einem eigenen Rennpferd.

Zu beachten ist: Galopper gehören in die Hand von Fachleuten. Es gibt zwar Besitzer-Trainer, die ihr Pferd nach Ablegung einer Fachprüfung selbst vorbereiten, doch ist ein Profi der übliche Partner. Jedem Besitzer ist zu empfehlen, diesen Partner sehr sorgfältig nach den verschiedensten Gesichtspunkten auszuwählen.

Das **Verhältnis Besitzer–Trainer** ist ein Vertrauensverhältnis, nicht einfach ein Geschäft. Rennbahnbesucher wissen freilich um die Eigenheiten der Trainer recht gut Bescheid. Die großen Trainer können sich ihrerseits die Besitzer aussuchen.

Pflichtliteratur des Besitzers sollten der Wochen-

Rennkalender, die Fachzeitung Sport-Welt und die Zeitschrift Vollblut sein.

Die Besitzer sind das zentrale Glied in der Partnerschaft Turf. Sie finanzieren das Wichtigste und ermöglichen mit ihrem Engagement erst die Durchführung des Ganzen. Aber daraus darf keine Besserwisserei resultieren. Nur so kann der Traum von der Freude an den Pferden, am Sport, an den Siegen und am prickelnden Reiz des Wettens in Erfüllung gehen.

Die Trainer

Von vielen Geheimnissen umwittert, besorgen die Trainer des Galopprennsports ihren Job. Sie führen die Regie in der Vorbereitung der Pferde und der Reiter auf die Rennen. Sie bestimmen in Absprache mit den Besitzern die Strategie und oft auch die Taktik für die Wettkämpfe. Sorgfältig beobachten sie jedes Rennen ihrer Schützlinge und die Konkurrenz.

Der Beruf hat seine Tücken. Trainerchampion Heinz Jentzsch sagt: „Das Management und der Umgang mit den Besitzern sind das Schwierige." Er hat über 3700 Sieger gesattelt und weiß bescheid. Seine wichtigsten Besitzer sind die Gestüte Schlenderhan und Fährhof, um die sich jeder Kollege reißen würde.

Am einfachsten haben es die sogenannten **Besitzer-Trainer (Amateurtrainer)**, die ihre Aufgabe gewissermaßen in Personalunion erledigen. Sie trainieren ihre eigenen Pferde. Meistens sind das nur wenige. Die Familienangehörigen helfen bei der Pflege und beim Reiten. Doch das Hobby muß neben dem Beruf erledigt werden. So entsteht rasch Streß.

Die **Star-Trainer** wie etwa Andre Fabre in Frankreich, Henry Cecil in England, Heinz Jentzsch und Bruno Schütz in Köln, Peter Lautner in Düsseldorf, Uwe Ostmann in Mülheim, Andreas Wöhler in Bremen, Hans Albert Blume in Neuss oder Erika Mäder in Krefeld arbeiten in großem Stil: zum Teil mit mehr als hundert Pferden. Bei ihnen haben sich die führenden Rennställe angesiedelt. Sie haben sich ihren herausragenden Nimbus erkämpft und können es sich leisten, dickes Trainingsgeld zu verlangen. Dafür müssen sie im großen Sport alles geben.

Solche Trainer-Stars nehmen nicht jeden Besitzer in ihrem Trainingsquartier auf. Der gute Ruf verpflichtet. Denn blitzschnell kann sich bei Pechsträhnen der Bestand verringern, gar halbieren. Peter Remmert, ein großer Reitkünstler der siebziger und achtziger Jahre, konnte 1991 ein Lied davon singen. Er verlor viel von seinem Marktwert, ohne daß ihm gröbere Fehler unterlaufen wären. Schwer war dann der Weg wieder nach oben.

Trainer mit mittleren Pferdebeständen machen alle Anstrengungen, um in den Kreis der Großen aufzurücken. Dabei müssen sie manchmal Kompromisse eingehen. „Es ist nicht einfach, wenn man aus ökonomischen Gründen einen Besitzer akzeptieren muß und genau weiß, daß er in alles hineinreden will", sagte schon Ewald Schneck, Hoppegartens oftmaliger Champion der fünfziger und sechziger Jahre. „Ich mußte jeden Tag halbe Liebesbriefe an die Besitzer schreiben, wie es den Pferden geht, was die Jockeis alles gesagt haben usw. Dabei haben die manchmal tagelang mit mir nicht geredet, weil ich sie nach verkorksten Ritten kritisieren mußte. Da wird man zum Diplomaten oder macht Pleite."

Es geht nicht anders. Das Vertrauensverhältnis zwischen Trainern und Besitzern muß möglichst stimmen. Ein guter Coach wird alles Wichtige mit den Besitzern beraten, sie informieren, auch in das Drumherum einweihen. Gerade die kleinen Stallgeheimnisse können das Vertrauensverhältnis trüben.

Der Geldgeber möchte auf der Rennbahn, im Führring und auf der V.I.P.-Tribüne für die Nobel-Gäste und natürlich auch beim Stallbesuch im Mittelpunkt stehen. Aber wenn der Trainer just in dem Augenblick etwas Kniffliges ausbrütet oder gleich mehrere Besitzerfamilien anrücken, kann sich das Verhältnis leicht trüben. Also ist auch der Diplomat im Trainer gefragt.

Die **kleinen Trainer** stehen im härtesten Existenzkampf, manchmal nur vorübergehend, manchmal jahrelang, mit ewigem Auf und Ab. Schwer haben sie es, wirklich gute Fachkräfte zu bezahlen. Damit sind sie der großen Konkurrenz gegenüber im Nachteil, können die Pferde manchmal nicht so dirigieren, wie sie es gerne möchten. Kompromisse sind für sie oft noch zwingender. Dennoch: Nicht wenige von ihnen bewahren ihre ganz individuelle Note. Bei ihnen geht es oft richtig familiär zu. Selbst im Umgang mit Besitzern. Da nimmt man die Dinge locker. Ete Mämecke aus dem alten Hoppegarten war zum Beispiel immer gut für einen Gag, Walter Kardel, die Ruhe und Gutmütigkeit in Person. In die Reihe solcher Pferdesport-Originale gehören auch Erwin Streubel, bei dem halb Dresden reiten lernte, und Walter („Pietz") Ringewald, ein Muster an Pfiffigkeit, der aber wegen seiner Gutmütigkeit immer ein kleiner Trainer blieb.

Einmal gab es in Dresden ein sogenanntes Trainerrennen als Attraktion für das Publikum. Da stiegen auch die bejahrten Trainer Kardel, Streubel und Ringewald in die Rennsättel. Den Spitznamen hatte Ringewald weg, weil er die Hoppegartener Turfbälle organisierte. Geselligkeiten von der Art, die der Berliner „Ringelpietz" nennt. Pietz Ringewald ritt den angeblich unschlagbaren Favoriten. Erwin Streubel hatte sich die Steigbügel wie ein

Herrenreiter lang geschnallt. Man war ja nicht mehr der Jüngste.

Walter Kardels Pferd Feuerregen hatte den Teufel im Leib. Den früheren Altmeister der Hindernisjokkeis kümmerte das nicht im Geringsten. Er blieb seelenruhig oben, als Feuerregen im Führring mit wildem Rückwärtsgalopp sich unter die Ehrengäste mischte. Die stoben natürlich auseinander. Eine Dame der noblen Gesellschaft flog rückwärts und kopfüber in den Rhododendron. Ihr Petticoat leuchtete auf, dazu wunderschöne Beine. Die Nichtbeteiligten schrien vor Lachen. Walter Kardel rief nur mit seinem Donnerbaß: „Hoo Hop." Schon parierte Feuerregen, trottete wie der Bravsten einer an den Start, sprang an und gewann gegen Walter Ringewalds heißen Favoriten. Die Gaudi war komplett. Ja, die alten Herren!

Täglich ist eine Unmenge von Details vom Trainer zu organisieren. Die Nennungen der Pferde für die Rennen sind zu tätigen, was ganz bestimmte Formalitäten erfordert. Das gilt nicht nur für die wirklich beabsichtigten Starts, sondern auch für Ausweichmöglichkeiten. Der Trainer muß sehr auf die Konkurrenz achten. Altmeister Christian Hennig aus Hoppegarten (über 900 Siege) plauderte einmal aus, daß er einige Pferde für eigentlich uninteressante Rennen nannte, um die Konkurrenz zu täuschen. Die Besitzer waren begeistert, als sie es erfuhren.

Kommt so eine Nennung nicht mehr in Frage, muß sie rechtzeitig zurückgezogen werden. Da nicht aufzupassen, kostet die Besitzer viel Geld.

Die Vorschriften des Trainings- und Rennbetriebs sind einzuhalten, was die Herren Trainer und die wenigen Damen Trainerinnen nebenbei zu Bürochefs macht. Auch das Geschäft mit den Schmieden, Transportfirmen, Banken, Versicherungen,

Rennvereinen, Besitzern, Futtermittelhändlern, Berufsschulen, Tierärzten usw. gehört dazu. Über Pferdekauf und Pferdeverkauf muß verhandelt werden. Alles muß sich rechnen lassen. Der Tag hat nur 24 Stunden, und vom eigentlichen Training war noch gar nicht die Rede.

Das **Handwerk der täglichen Betreuung** der Rennpferde haben alle Trainer gründlich gelernt. In Deutschland wurde es von den Großen der Branche aus Hoppegarten wie Friedrich Fösten, George Arnull, Albert Schlaefke, Anton Olejnik, Adrian von Borcke, Pan Horalek, Martin Lücke und Hermann Hoch gelehrt und an die nächste Generation weitergegeben. Die großen Nachkriegstrainer Heinz Jentzsch, Hein Bollow, Sven von Mitzlaff, Ewald Schneck, Walter Genz, Willy Frommann, Friedrich-Wilhelm Michaels und andere haben es aufgenommen und in vielen Punkten verfeinert.

Ganze **Familiendynastien** kennt der Turf. Der Vater von Heinz Jentzsch war in Hoppegarten Trainer, Onkel Max ein Klassejockei, der viel zu früh starb. Onkel Alfred Dixon trainierte in Hoppegarten und später in Stockholm. Dessen Bruder Charly war Hoppegartener Trainer und später in Zoppot ansässig. Charlys Schwiegersohn Hans Zehmisch erwarb sich als ausgezeichneter Jockei und Gegenspieler von Otto Schmidt den großen Namen. Er ging äußerst sparsam mit der Peitsche um, woran sich mancher Starjockei von heute ein Beispiel nehmen kann. Charlys anderer Schwiegersohn betätigte sich als Trainingsberichterstatter. 1500 Pferde im Training zu beobachten, ist ja auch eine Kunst für sich. Heinz Jentzsch hat inzwischen eine Riesenschar von Jockeis, Trainern, Futtermeistern und Pferdewirten vorzüglich ausgebildet.

Die Mitzlaff-Schule, eigentlich in Berlin-Karlshorst zu Hause, faßte im Rheinland wie in Hoppegarten Fuß. Während im Westen Sven von Mitzlaff die Familientradition weiterführte, gaben die Mitzlaff-Schüler Friedrich-Wilhelm Michaels und Ernst Biessey ihr reiches Wissen an die hervorragenden Hoppegartener Jockeis Egon Czaplewski, Wolfgang Thom, Jochen Potempa und Klaus Otto weiter.

Egon Czaplewski, ein Reiter mit der ganz feinen Hand, ein Meister im Beurteilen der Pace, gewieft in allen Taktiken und aufmerksam wie kein anderer seiner Zeit, reifte zum großen Hoppegartener Klassejockei der Nachkriegsjahre. Er strahlte immer Ruhe aus und hatte das beste Gefühl für die Pferde. Aus seiner Schule kommt Hoppegartens neuer Starjockei Lutz Pyritz.

Wolfgang Thom war als Hindernisjockei einsame Spitze. Zwanzigmal erkämpfte er auf dem Spezialgebiet das Championat. Heute fungiert er als Starter in Hoppegarten. Jochen Potempa war gefragter Leichtgewichtsjockei dieser Schule und mit drei Außenseitertriumphen in Hoppegartener und Prager Derbys auch eine Klasse für sich. Klaus Otto, der meisterhafte Taktiker, ein Spaßmacher dazu, hatte das Zeug, ebenfalls einer der ganz Großen zu werden. Er verunglückte leider bei einem Autounfall.

Wie leicht zu erkennen ist, spielt der **Handwerker-Trainer** als Lehrausbilder und Förderer der Jockeis eine große Rolle. Er muß erahnen, wer das große Talent ist und wer nur braver Handwerker bleiben wird. An der Brust des Alten müsse sich der Lehrling, der junge Reiter und sogar der gestandene Jockei ausweinen können, meinen Walter Genz und Christian Hennig, Hoppegartens Trainer-Altmeister im Ruhestand. Ein guter Trainer sei eben nicht nur Lehrmeister und Manager der jungen Leute, sondern auch Psychologe.

Das andere große Thema: die **Tierpsychologie.** Im Spätherbst, wenn die Jährlinge zur Ausbildung in die Rennställe gelangen, beginnt es. Die blutjungen Renner lernen andere Pferde, andere Menschen, eine andere Umgebung, Straßen, Autos und Trainierbahnen kennen, schließlich die Rennbahn, die Startbox und das besondere Flair der Rennveranstaltungen kennen. Nicht viel mehr als ein halbes oder Dreiviertel-Jahr steht dafür bis zum ersten Start zur Verfügung.

Die jungen Pferde müssen lernen, sich gehorsam den Weisungen der Reiter anzupassen. Ein Drama ist immer das Anreiten, also die Bekanntschaft mit Sattel und Reiter, soweit das nicht bereits im Gestüt erfolgte. Außerdem müssen die Neulinge lernen, sich der Trainingsgruppe anzupassen und die verschiedensten Gangarten und Tempi nach dem Wunsch des Trainers auszuführen.

Die Zusammensetzung der Gruppe wird wechseln. Das erleichtert später den Kontakt zu fremden Pferden im Rennen. Trainingsumfang und -intensität werden variiert. Ein Zuviel würde ebenso schaden wie ein Zuwenig.

Im Frühjahr beginnt das scharfe Aufbautraining. Krankheiten und Verletzungen werfen zeitweilig die schönsten Pläne über den Haufen. Gefühl, Geduld und Systematik sind gefordert. Der Trainer überwacht alles. Täglich kümmert er sich um den Gesundheitszustand, insbesondere um die Beine der kostbaren Rennpferde.

In den Ställen ist der Futtermeister die rechte Hand des Trainers. Der Reisefuttermeister übernimmt das Amt unterwegs. Und Rennpferde sind oft unterwegs. Die Vertrauensstellungen erfordern reiche Erfahrung. Nicht wenige Trainer – darunter hervorragende – sind aus dem Lager der Futtermeister hervorgegangen. Große Trainingsquartiere haben mehrere Futtermeister und sogar Trainer-Assistenten. Doch die große Regie behält sich der Meister selbst vor.

Das Training erfolgt teils nach altbewährten Methoden, teils nach neuen wissenschaftlichen Erkenntnissen. Diese werden durch Feinheiten und das Augenmaß des Trainers ergänzt. Auf jedes Tier ist individuell einzugehen, denn von der Genetik, der Aufzucht und ihren Erfahrungen bringen die Tiere unterschiedliche Eigenheiten mit. Diese muß der Trainer rechtzeitig erkennen und danach das Training dosieren.

Ein gewaltiges Arbeitspensum vieler Hände und Köpfe ist zurückgelegt, wenn das Pferd sein erstes Rennen bestreitet. Der Trainer ist inzwischen zum Feldherrn geworden. Mit der richtigen Wahl des Reiters und der Taktik nimmt er Einfluß auf die Entscheidung. Wieder ist der Psychologe in ihm gefragt: Wie sage ich es dem Jockei am besten, vor dem Rennen und hinterher. Meckern bringt nichts. Fehler einfach wegstecken und zur Tagesordnung übergehen, wäre auch falsch. Am besten ist noch immer die sachliche, kritische und selbstkritische Auswertung. Und Offenheit, kein Herummosern hinter dem Rücken des anderen. So halten es die Großen des Turfs.

Der prominenteste deutsche Trainer ist Heinz Jentzsch, geboren 1921 in Neuenhagen, Niederheidenstraße 4, als neunundzwanzigfacher Champion eine Legende, was er nicht gerne hört. Bei Nacht und Nebel verließ er 1949 das geliebte Hoppegarten. Damals gab es dort mehr Aktive als Pferde. Er begann in Köln mit einem Pferd neu. Schnell erwarb er den Ruf eines ausgezeichneten Fachmannes. Mit den Pferden der Gestüte Schlenderhan und Fährhof gelang der große Aufstieg. Sechs Triumphe im Derby und vier im Preis von Europa sprechen für sich. Heinz Jentzsch gilt als der große Stratege. Nur selten gibt es bei ihm Jockeiwechsel. Seine Geradlinigkeit ist bekannt.

Bruno Schütz ist in Köln der große Gegenspieler. Er stammt aus der Schütz-Dynastie. Vater Willy, Onkel Heini und Bruder Wilfried sind weit bekannte Experten. Serienweise heimst Bruno Schütz die großen und kleinen Rennen ein. Allein in den letzten fünf Jahren führte er drei Derbysieger aus der Wettkampfarena zurück. Sein großer Crack von 1992 war Platini. Nirgends wurde dessen Triumph so gefeiert wie in Hoppegarten beim Sieg gegen die Engländer und Franzosen im BMW Europa-Championat der Dreijährigen.

Andreas Wöhler übernahm das Traineramt in Bremen von seinem Vater. Mit großer Übersicht und Geschick wurde er der Shooting-Star der deutschen Trainer. Allein zwei Derbys gewann er 1991 in Skandinavien mit dem Hengst Tao. Mit der Stute Martessa brach er in Paris in die Höhle des Löwen ein. Der junge Mann führte Deutschlands Spitzenpferd der letzten Jahre, den berühmten Lomitas, inmitten mancher Nervenschlacht zu einer großartigen Erfolgskette. Wöhlers Anfang war gar nicht so bequem. Aber er setzte sich durch und hatte das Glück, daß sich so ein erfahrener Besitzer wie Walther Jacobs als Partner fand.

Die ganze Garde der Ostmann, Lautner, Stoltefuß, Grube, Grieper, der Brüder Harro und Peter Remmert könnte genannt werden. Eine besondere Beziehung zu Hoppegarten hat Hans-Albert Blume. Er ist in Neuenhagen geboren und stammt aus der Schlaefke-Familie. Der Neusser Trainer gibt mit zahlreichen Pferden Gastritte in Hoppegarten, die es in sich haben. Mit Irish Stew vom Gestüt Schlenderhan machte der Ex-Hoppegartener schon große Kasse gegen die Ausländer.

Trainerin Erika Mäder aus Krefeld absolvierte ihre Lehrzeit in Hoppegarten. Starjockey an ihrem großen Rennstall ist der Ehemann Lutz. Er erhielt sein Rüstzeug in Hoppegarten bei Ewald Schneck. Die Mäders wurden nach einem mißglückten Fluchtversuch und langer Gefängnishaft in die Bundesrepublik ausgewiesen, wo sie auf dem Turf groß herauskamen.

Und die seßhaften Hoppegartener? Sie haben es bei der Privatisierung des Rennsports nicht leicht. Dem Pferdebestand nach betreiben sie mittlere oder kleine Trainingsquartiere. Der Mittelstand als Besitzer-Basis muß sich erst wieder richtig formieren. Vom Fachlichen her könnte der eine oder andere Trainer bald nach vorn kommen.

Ende 1992 trainierten in Hoppegarten folgende Persönlichkeiten (in alphabetischer Reihenfolge):

- **Werner Bauermeister.** Er gelangte über den Weg des Amateurtrainers und späteren Jockeis zum Trainerberuf. Einmal war er schon Vizechampion. Mit rund 30 Pfleglingen leitet er geschickt eines der mittleren Quartiere.

- **Egon Czaplewski.** Der frühere Spitzenjockei trainiert schon seit 1972 erfolgreich (ca. 700 Siege). Ein Mann der Geduld und des Einfühlungsvermögens.

- **Thomas Dunkel.** Er mußte über Nacht für seinen verstorbenen Erfolgstrainer Heinz Schaefke einspringen. Schon im ersten Jahr zeigte er sich der Aufgabe eines mittleren Lots gewachsen.

- **Harald Franke.** Vom Futtermeister zum Trainer avanciert, rückte er Anfang der achtziger Jahre

mit spektakulären Erfolgen (Derby, Großer Preis)
in den Vordergrund.

- **Udo Fritzenwanker.** Der mit eiserner Disziplin
  im Gewichtmachen erfolgreiche Jockei ist ein
  Fachmann von echtem Schrot und Korn. Der
  Sohn Rene führt die Fritzenwanker-Dynastie
  schon in der vierten Generation fort.
- **Eckhart Gröschel.** Einstiger Dresdener aus be-
  kannter Rennsport-Familie ist vom Futtermeister
  Ewald Schnecks zum erfolgreichen Trainer aufge-
  stiegen. Er gewann schon drei Hoppegartener
  Derbys und zwei Championate. Ecki steht einem
  mittleren Quartier vor.
- **Eva-Maria Leistner.** In Individualität und Diszi-
  plin unverkennbar, profilierte sie sich in der
  Männerwelt Turf mit Fachwissen, Gefühl und
  Geduld. Sie betreibt ein mittleres Trainingsquartier.
- **Hans Lubenow.** Er ist ein Trainer der Geradlinigkeit, Geduld und Formbeständigkeit. Die Rech-
  ner unter den Turffreunden lieben Ställe wie seinen über alles.
- **Georg Matthias.** Er war erfolgreicher Jockei und
  setzte sich im Trainerlager auf Anhieb tadellos in
  Szene. Mangels Pferden wurde es etwas ruhiger
  um ihn.
- **Gert Niemann.** Der einst gefragte Leichtgewichtsjockei, Sieger auch in einem Hoppegartener Derby, leitet sein Traininsetablissement mit
  hoher Formbeständigkeit und Vielseitigkeit.
- **Jochen Potempa.** Er stellte sich gekonnt vom Er-
  folgsjockei zum Trainer um. Sein gemischter
  Pferdebestand vielfältiger Herkunft, verlangt sehr
  individuelles Eingehen auf die Tiere und eiserne
  Disziplin, genau das Richtige für einen Mann der
  Schule von Wilhelm Michaels.

- **Horst Reinhardt.** Er ist ein zurückhaltender Mann mit großem Fachwissen, operiert mit kleinem Pferdebestand geschickt. In der Ruhe liegt die Kraft, heißt sein Schlagwort.
- **Martin Rölke.** Der populärste Spitzenjockei Ostdeutschlands aus den siebziger und achtziger Jahren wurde zum erfolgreichen Managertyp mit mittlerem Pferdebestand.
- **Wilfried Schütz.** Er wagte als erster westdeutscher Trainer die Übersiedlung nach Hoppegarten. Mit seinem mittleren Bestand greift er gern auch in das Geschehen der alten Bundesländer ein. Der Trainer war einst sehr erfolgreicher Amateur- und Hindernisreiter. 1992 führte er die Siegerliste der Hoppegartener an.
- **Frank Trobisch.** Er ist ein Trainer mit außergewöhnlicher Ruhe und Geduld und verblüffenden Erfolgen langlebiger Handicap-Pferde.
- **Veronika Zentow.** Mit unermüdlichem Engagement und viel Gefühl sucht sie Erfolg mit kleinem Lot.
- **Inge Zich.** Die einst erfolgreichste Amateurtrainerin Ostdeutschlands ist seit 1991 Profi mit einem kleinen Stall von großer Formbeständigkeit.

Die Hoppegartener Trainergalerie wäre unvollständig ohne Brigitte Leipold, die sich ein neues Trainingsquartier aufbauen muß, und ohne die Besitzer-Trainer Erich von Bresinski, Jutta Pohl und Christine Hottewitsch. Doch die Liste wird ohnehin immer weiter fortgeschrieben.

Die Jockeis

Zu den populärsten Sportlern gehört er. Die Damenwelt liegt ihm zu Füßen. Das große Geld winkt. Ein kräftiger Schuß Abenteuer liegt in der Luft. **Jockei – ein Traumberuf.**

Die zweibeinigen Akteure auf der Rennbahn setzen mit ihrer Reitkunst den i-Punkt auf die Teamarbeit von Trainern und Betreuern. Viele junge Leute hinter der Bande würden es ihnen gern gleich tun. Ein Leben lang. Doch nur wenige bleiben dabei, nachdem sie sich einem Trainer vorgestellt haben. Noch weniger Bewerber erreichen das Ziel.

Der angesprochene Trainer wird den jungen Mann oder das junge Mädchen von oben bis unten mustern, nicht viel anders, als er es mit einem Pferd täte, das er in seinen Stall nehmen soll. Er wird den Kandidaten zunächst nach seiner Gestalt beurteilen: Ob dieser die Eignung für den Beruf eines Pferdewirts mit der Zielrichtung Berufsrennreiter mitbringt. Der Bewerber soll klein, schlank und drahtig sein. Er muß später einschließlich Kleidung und Sattel am besten 52 bis 53 Kilogramm auf die Waage bringen. Etwa 1,2 bis 1,3 Kilogramm beansprucht die hauchdünne Rennkleidung. Der Sattel wiegt 1 bis 1,5 Kilogramm. Es gibt auch leichtere Sättel, doch wird die ganze Reiterei dann schon wacklig. Der Trainer wird auch gleich sagen, daß der Jockei in dieser dünnen Kleidung bei Wind und Wetter auf der Rennbahn ausharren muß. Das heißt also, eisern die Figur halten und abgehärtet sein.

Danach wird der Trainer die Handgelenke und die Armmuskeln befühlen und sagen: „In Ordnung" oder weit öfter: „Es hat keinen Zweck." Vielleicht läßt er sich auch noch Fotos der Eltern des Kandidaten zeigen. Es ist alles ein bißchen wie beim Pferdekauf. Manchmal entstehen sofort Sympathien und der Trainer entscheidet etwas großzügiger. Zu warnen ist vor leichtfertigen Trainern, die Lehrlinge nur einstellen, um billige Arbeitskräfte zu haben.

Die wichtigste Frage danach wird die nach den Reitfertigkeiten sein. Falls solche nicht vorhanden sind, wird der Bewerber zunächst zu Pflegearbeiten an den Pferden und zum Training gebeten. Mit Kennerblick stellt der Trainer fest, ob der junge Mensch eine Begabung für den Umgang mit Pferden hat und viel Liebe zur Sache mitbringt. Dann sagt er sich, reiten wird er schon lernen.

Sind diese Hürden übersprungen, beginnt die reguläre Ausbildung wie in jedem Beruf. Hat der Zögling das Reiter-ABC erlernt, wird er immer öfter für Trainingsritte eingesetzt. Dabei erkennt der Trainer noch deutlicher, wer ein wirkliches Talent ist. Die heranwachsende Reiterhoffnung muß außerdem beweisen, daß sie den Sinn eiserner Stalldisziplin begriffen hat.

Eines Tages ist es soweit. Zum ersten Male streift der oder die Auszubildende den dünnen Jockeidreß über, darf die weißen Rennhosen und die hauchdünnen Reitstiefel anziehen, stellt sich auf die Jockeiwaage und erlebt wohl halb im Traum die Vorbereitungen auf das Rennen. Doch dann heißt es hellwach zu sein.

Dem Trainer geht es beim ersten Versuch nicht unbedingt um den Sieg. Vielmehr will er sehen, wie sein Neuling reagiert, mit dem Pferd umgeht und den Streß des ersten Wettkampfes bewältigt. Der erste Sieg hängt von vielen Umständen ab, vor allem auch von der Form der Pferde. Manche Azubis gewinnen im letzten Lehrjahr gleich serienweise. Solche Talente zeigten sich bei Otto Schmidt oder Erich Boehlke, bleiben aber Ausnahmen.

Die Ausbildung schließt wie überall mit praktischer und theoretischer Prüfung ab. Zur Theorie gehören die Kenntnisse über die Rennordnung. Zur Praxis die Teilnahme an Rennen. Die frühe Laufbahn eines Berufs-Rennreiters ist kein Samtteppich. Vielmehr liegt ein beschwerlicher Weg vor ihm. Die Reiterhoffnung wird kritische Phasen des Stallgeschehens miterleben und am eigenen Leib erfahren. Schnell ist einem jungen Menschen der Schneid abgekauft, wenn Pferde ausschlagen und beißen oder wenn Stürze und andere Unfälle passieren. Da muß er durch. Mit manchem Vierbeiner wird er blendend auskommen. Andere machen ihm viel Ärger. Da muß er sich beherrschen und anpassen können.

Nicht zuletzt könnte beim Erwachsenwerden das Körpergewicht unverhofft stark zunehmen. Dann kommt ein großer Härtetest – und schmeckt der Eisbecher, der Braten oder das Glas Bier noch so gut. Sonst wird der Jockeitraum rasch zur Seifenblase.

Allerdings braucht der Rennsport zu jeder Zeit tüchtige Pferdepfleger, Trainingsreiter, genannt Arbeitsjockeis, und Futtermeister. Völlig daneben geht die Berufswahl also nicht. Nur fallen dann Glanz und Gloria bescheidener aus.

Die nächste Klippe bildet nicht selten der Charakter der jungen Leute. Die schnelle Mark, der Nimbus eines kleinen Helden im Kreise der Freunde steigen manchem schnell zu Kopf. Die Disziplin darf aber nicht nachlassen.

Wenn diese und andere Hürden in der Laufbahn bewältigt sind, gilt der Berufsrennreiter noch lange nicht offiziell als ein Jockei. Er muß 50 Siege erkämpfen, ehe er den Titel tragen darf.

Anfangs geht alles noch etwas leichter, denn die gestandenen Jockeis müssen den Nachwuchskräften Vorgaben leisten: in Form von sogenannten Gewichtserlaubnissen. Die uralte Turferfahrung heißt: Ein Kilo weniger Reitergewicht entspricht einer Pferdelänge Vorsprung im Endkampf. Da bringen die anfänglichen fünf Kilo sogenannter Reitererlaubnis dicke Vorteile. Aber mit der Zahl der Siege schrumpft die Quote. Schließlich geht es in die volle Bewährung. Dann zählen nur noch Talent und jugendlicher Elan.

Setzt sich der junge Jockei gut in Szene, kann für ihn die Stellung als erste Kraft eines kleinen oder mittleren Trainingsquartiers oder sogar die einer zweiten Kraft im großen Stall anvisiert werden. Nun winken Ruhm, Geld und alle Träume des Jockeilebens bis zum Starjockei der großen Quartiere.

Aber eine Garantie für Siegesserien gibt es nicht. Die Konkurrenz ist stark und der Kampf gegen wachsendes Körpergewicht vielleicht das Schlimmste. Jeder Stall und jeder Jockei hat seine Durchhänger und Formtiefs. Fehler unterlaufen jedem in der Turbulenz des Renngeschehens. Schon kann eine Position wackeln. Das Vertrauen schwindet. Manche Partnerschaften mit Trainern währen nur kurz, und im Herbst flattert dann dem Jockei der blaue Brief ins Haus.

So hat einst Starjockei Martin Rölke seine Erfahrung geschildert: „Ein herrliches Gefühl ist das, wenn man nach dem Sieg das Bad in der Menge nimmt und langsam und umjubelt zum Absattelplatz zurückreitet. Wurdest du aber geschlagen, bist du ganz einsam mitten in der Menge wie ein Langstreckenläufer kurz vor dem Ziel. Und wehe, man beschimpft dich, obwohl du gar keinen Fehler gemacht hast. Dann hilft nur die Erinnerung an das, was dir dein Lehrmeister eingehämmert hat: Disziplin, Disziplin."

Der eine oder andere Jockei hat schon mal aus Enttäuschung oder Wut den ungerechten Krakeelern den Vogel gezeigt. Manche mußten monatelang Pfeifkonzerte erdulden. Das Publikum liebt seine Helden, ist aber nicht immer gerecht.

Doch zurück zum Reiter-ABC, Schlagwort **Rennsitz.** Das trifft nur zu beim Schrittreiten und beim Trab. Ansonsten muß sich der Jockei in die winzigen Steigbügel stellen und hat nur mit den Unterschenkeln und der Hand am Zügel Kontakt zum Pferd. Er muß damit das Tier dirigieren, sein Gleichgewicht halten und den Endkampf durch vorwärtstreibende Bewegungen unterstützen. Alles das bei Tempo 55 und mehr – eine Leistung, die Kraft und Ausdauer erfordert.

Manche Jockeis haben Bärenkräfte in den Armen. Paul Lewicki, Hermann Preißler, Wolfgang Thom und Bernhard Pfeiffer waren einst gute Hoppegartener Boxer. Hans Pförtke verlor nie ein Fingerhakeln gegen bayerische Hünen. Der kleine Henrik Uecker war zugleich ein vorzüglicher Turner.

Vom Jockei wird selbstverständlich Mut erwartet. Die temperamentvollen Vollblüter sorgen manchmal für spannende Situationen aus heiterem Himmel.

Hohe Kunst ist das richtige **Beurteilen der Pace,** also der Geschwindigkeit im Rennen. Der Jockei muß einschätzen, wie es um die Möglichkeiten der Gegner und um die Reserven des eigenen Pferdes steht. Das ist sein sechster Sinn. Blitzschnell wechseln im Rennen die Situationen, geistesgegenwärtig hat der Reiter Entscheidungen zu treffen. Eine amerikanische Studie hat nachgewiesen, daß in einem Rennen über die englische Meile in der Regel zwölf Entscheidungen zu fällen sind, manchmal bis zu zwanzig.

Hinzu kommt die **Kunst des Finishs**, die Fähigkeit, die Reserven des Pferdes optimal für den Endkampf zu nutzen. Das ist der spektakulärste Teil des Rennens, weil er unmittelbar vor den Augen des Publikums geschieht. Die Peitsche ist kein Wundermittel und soll so sparsam wie möglich eingesetzt werden. Alte Größen wie Jule Rastenberger und Hans Zehmisch haben ihre mehr als 1000 Siege vor allem mit Köpfchen, mit Gefühl und mit meisterhafter Taktik im Finish gewonnen. Von der mittleren Generation waren Egon Czaplewski und Klaus Otto die Ebenbürtigen. Sie konnten auch mal hinlangen, wenn es sinnvoll war und um den letzten Einsatz ging. Aber keinen Schlag zuviel, lautet das Motto.

Jeder Jockei hat seine speziellen Stärken. Andrzej Tylicki zum Beispiel die kraftvolle Unterstützung für das Pferd im ganzen Rennen, den unbedingten Willen zum Sieg auch in schwieriger Lage. Lutz Pyritz glänzt mit Übersicht im Rennen, mit dem eleganten Stil und ausgebuffter Taktik.

Hoppegartens großer Jockei der fünfziger und sechziger Jahre war Egon Czaplewski, ein Allround-Könner mit Geistesgegenwart in jeder Phase des Rennens, mit exakter Beurteilung der Pace und einem flüssigen Finish. Haargenau den richtigen Moment für den entscheidenden Angriff zu finden, war sein Rezept, wie es auch Altmeister Peter Alafi viele Jahre lang in den alten Bundesländern brachte.

Viele Rennen werden vorher schon durchdacht. In mancher Nacht vor dem Start wird kein Auge zugemacht. Es gibt freilich Wunderjockeis wie Lester Piggott. Der Engländer wurde 1957 für den Derbyritt auf dem Erlenhofer Hengst Orsini verpflichtet. Piggott stieg gelassen aus dem Flugzeug und dann: Im Eiltempo mit dem Auto durch Hamburg zur Rennbahn, rasch umgezogen und in den Führring. Dort sah er den Hengst zum ersten Mal. Minuten des Gefühls genügten. Piggott fand den richtigen Dreh für einen Klasseritt gegen stärkste Konkurrenz. Mit Fanfar und Luciano wiederholte er das Husarenstück vom Deutschen Derby. Serienweise gewann „Pokerface" noch 1991 und 1992 als Mittfünfziger große deutsche Rennen, obwohl er auch da die Pferde kaum kannte. „Und wenn er einmal lächeln würde, wäre er der Weltklasse-Jockei", schrieb eine englische Zeitung zu Beginn der fünfziger Jahre. Inzwischen ist Piggott längst Weltklasse-Jockei. Und in Hoppegarten 1992 nach seinem Glanzritt lächelte er sogar.

Heutzutage wird Internationalität großgeschrieben. Jockeis aus vieler Herren Länder reiten in Deutschland. Viele sind bei deutschen Rennställen angestellt. Die Engländer Kevin Woodburn, Mark Rimmer, Peter Bloomfield, Alan Bond und Allan W. Gorman zählen hierzulande zu den Spitzenkräften. Ex-Champion Georg Bocskai ist gebürtiger Ungar wie Peter Alafi, der 1956 seine Heimat nach dem Aufstand des Volkes verließ. Er brach den von Otto Schmidt so lange gehaltenen Rekord von 2218 Siegen. Andrzej Tylicki stammt aus Polen und war schon Champion in seiner Heimat, in Österreich und in Deutschland. Dragan Ilic ist Jugoslawe, der in Hoppegarten tätige Francisco Lopes Brasilianer. Umgekehrt führen deutsche Jockeis auch Ritte im Ausland an.

Eine Zeitlang, in den siebziger Jahren, waren die Ausländer so sehr gefragt, daß Peter Remmert beim Deutschen Derby einmal der einzige heimische Teilnehmer war. Das änderte sich inzwischen stark. Die ausländischen Jockeis kommen und gehen. Dem einen gefällt die Atmosphäre in deutschen Ställen nicht, andere plagt das Heimweh. Das Jokkeikarussell dreht sich – alle Jahre wieder.

Erfolgreichster Jockei der Welt mit 8833 Siegen im Rennsattel ist Billy Shoemaker aus den USA. „Billy the Shoe" durchlebte alle Höhen und Tiefen der Jockeylaufbahn. Der Alkohol spielte ihm seine Streiche. Jockeys haben halt in aller Welt immer Durst vom Gewichtmachen, Fasten und Kämpfen. Als genialer Taktiker stieg er wie ein Stehaufmännchen immer wieder zur Spitze auf, bis 1992 ein Autounfall die Karriere abrupt beendete. Die Nummer 2 in der ewigen Hitliste ist Laffit Pincay, ebenfalls ein US-Amerikaner, die Nummer 3 der Puertoricaner Angel Cordero. Lester Piggott mischt in diesem Konzert mit über 5000 Siegritten mit. Im Mutterland des Turfs werden nur die Siege im eigenen Revier gewertet.

Lester will und muß – wegen seiner geschrumpften Finanzen und nach etlichen Skandalen – noch ein paar Jahre weitermachen. Aber selbst die in England errungenen 4870 Siege von Sir Gordons Richards wird er nicht mehr erreichen. Dieser Engländer wurde von der Queen geadelt.

Das wird Lester Piggott nicht passieren, obwohl er für den Stall der Königin glänzende Triumphe erritten hat. Der geniale Jockei hat ein zu langes Sündenregister: von Rauhbeinigkeiten im Rennen, über Rüpeleien im Umgang mit Besitzern und der Presse, von Lizenzbetrug über Steuerhinterziehung bis zum Gefängnisaufenthalt.

Lester ist rund 25000mal in den Rennsattel gestiegen. Bei Angel Cordero (USA) waren es 38611 Ritte. Was für eine gewaltige sportliche Leistung. Wieviel Auto- und Flugstunden mögen dahinterstehen?

Das Jockeileben in Hoppegarten wird durch die täglichen Trainingsritte und durch die Renneinsätze an den Wochenenden geformt. Jeden Werktag vier oder fünf, gelegentlich bis zu acht Trainingslots halten die Reiter fit wie Sommerhasen. Großer Ausgleichsport wird nicht getrieben, außer wenn es um das Gewicht geht. Dann heißt es dick bekleidet laufen, laufen, laufen. Manche könnten ohne weiteres beim Marathonlauf mitmachen.

Am Wochenende muß das laut Ausschreibung der Rennen und Rittvereinbarungen verlangte Gewicht stimmen. An der Kleidung ist nichts mehr wegzulassen. Zur Not kann auf dem leichteren Pfundsattel geritten werden. Aber ein Vergnügen ist das nicht. Also bleibt nur das Fasten, besser gesagt, das Hungern und Dursten: Zum Frühstück eine Scheibe Brot, ein bißchen Schabefleisch, etwas Salat und eine Tasse Kaffee, mittags ein Steak, ein, zwei Kartoffeln, etwas Gemüse und abends wieder eine Scheibe Brot, etwas Schinken, eine Tomate und möglichst wenig Getränke. Es gibt wohl bessere Zeiten, vor allem im Winter. Doch im Frühjahr muß der Winterspeck wieder abgerannt werden.

Das schlimmste sei der Durst, klagen alle. Wassertabletten sind vor dem Rennen das letzte Mittel.

Aber meist kommt sowieso nichts mehr, wenn man tagelang gedürstet hat.

Nach dem Rennen ist nichts wichtiger als ein kräftiger Schluck. Dann wird dem Magen etwas Suppe angeboten, von der Ehefrau oder der Mutter mitgeschickt. Dann ein, zwei Scheiben Brot und endlich Selters, Limonade, Bier, am besten literweise – nein, die Disziplin sitzt da den meisten schon wieder im Nacken.

Spätestens am Mittwoch geht die Tortur von vorn los. Ein harter Job. Doch wenn die Siege gelingen, wird das alles in Kauf genommen. Und es gibt Glückspilze, die brauchen von ihrem Naturell her kaum zu fasten.

Wann sollen Jockeis aufhören? Trotz der Härten lieben sie ihren Beruf. Die Verdienstmöglichkeiten sind gut, bei den Stars phantastisch. Aber selbst die Großen müssen frühzeitig an das Ende des günstigen Jockeialters denken. Kluge Jockeis treffen Vorsorge und legen Ersparnisse an. Mit 45 Jahren ist der Zenit überschritten. Die Leistungskraft und Reaktionsfähigkeit, auch die Erholungsfähigkeit lassen nach. Ist die Konkurrenz schwach, kann man aber noch jahrelang durchhalten. Die reiche Erfahrung wiegt vieles auf, was die Jugend an Elan und Kraft voraus hat.

Natürlich kann jeder Jockei noch lange als Arbeitsreiter, Pfleger und Futtermeister arbeiten. Doch wer steckt den Verlust des Nimbus glatt weg? Trainer kann man auch werden. Aber ein guter Jockei wird nicht zwangsläufig guter Trainer. Einem Otto Schmidt gelang der Sprung nicht.

Nicht wenige greifen in der Situation des moralischen und sozialen Abstiegs zur Flasche. Große Karrieren sind daran gescheitert. Acht Derbysieger hat der Klassejockei Gerhard Streit geritten, einer der großen aus dem alten Hoppegarten und des Wiederbeginns nach 1945. Aber dann wurde er mit seinem Schicksal nicht fertig und starb als einsamer Mann.

Schlimm sind manchmal auch die Schicksale verunglückter Jockeys. Der zwanzigfache Hindernischampion Wolfgang Thom stürzte. Das Bein splitterte. Jahrelang wurde herumgedoktert. Endlich heilte die Geschichte einigermaßen. Thom konnte wenigstens das Amt des Starters übernehmen.

Wilfried Flüshöh erwischte es am Boden liegend. Ein Pferdehuf streifte seinen Kopf. Aus die Karriere. Die Schmerzen sind heute noch schlimm.

Peter Alafi, Horst Lüneberger, Dieter Schumann, Günther Flint – alles Schicksale von Schwerverletzten.

Der hervorragende Hoppegartener Jockei Jürgen Szidzik kam 1983 bei einem Sturz am letzten Hindernis der Dresdner Hürdenbahn ums Leben. Der Amateur-Rennreiter Hans Strompen verunglückte im Sommer 1992 in Baden-Baden tödlich. Jule Rastenberger starb 1943 in den Sielen: Mit dem zweiten Platz in Aussicht erlitt er kurz vor dem Hoppegartener Ziel einen Herzschlag.

Und die Frauen? International und in Deutschland gibt es hervorragende Rennreiterinnen, die den Männern nicht nachstehen. Im Laufe der letzten drei Jahrzehnte haben sie im Jockeiberuf den Durchbruch geschafft. Julie Krone aus Michigan in den USA, Jahrgang 1963, bezaubert die Turffreunde in aller Welt. Bis zum 6. Juli 1992 errang sie 2443 Siege. Die Hallenserin Angelika Glodde (42) brachte es bis dahin auf 757 Erfolge. Sie ist eine Kämpferin, die bis ins Ziel nicht aufsteckt. In Hoppegarten gewann sie bei Glanzritten gegen stärkste

Konkurrenz männlicher Kollegen mit dem älteren Hengst Ziervogel, einem krassen Außenseiter, den Großen Preis und mit Sonnenblick das Derby und den Großen Preis. Die beste Rennreiterin Deutschlands erkämpfte gegen die Männer auch schon ein Championat.

Ein famoser Jockei war Ingrid Häßler. Als sie in die Domäne der männlichen Kollegen einbrach, zeigten sich diese ganz und gar nicht erbaut. Es war nicht alles von feiner englischer Art, was die kluge und aufgeweckte Reiterin ertragen mußte. Aber sie setzte sich durch. Leider wurde ihre Reiter-Karriere durch eine Schlagverletzung jäh beendet.

Alle Trainer schätzen inzwischen die liebevolle Art ihrer Mitarbeiterinnen, mit den Pferden umzugehen. Große Startrainer loben die oftmals feine Hand im Rennen. Mit Ausdauer, Ehrgeiz und Gefühl stechen sie manchen Kraftprotz aus. Aber ist der Jockei wirklich ein Frauenberuf? Für Ausnahmen kein Problem, für eine Übergangszeit in jungen Jahren oft auch nicht. Aber die tägliche Arbeit im Rennstall und im Training ist körperlich schwer. Verletzungen sind für junge Frauen, die Mütter werden wollen, ein größeres Risiko als für Männer. Kinder und Rennpferde – wie will eine junge Mutter beides unter einen Hut bringen? Diese Bedenken schmälern nicht die Leistungen des weiblichen Jokkeis und der Pflegerinnen. Sie gehören aber dorthin, wo pferdeliebende junge Frauen eine Berufswahl treffen wollen.

Glücklich die Jockeis, für die der Berufstraum lebenslang in Erfüllung geht. Und alt kann man dabei werden. Nehmen wir nur Walter Genz, Rudi Schmidt, Christian Hennig, Walter Zimmermann und Hans Pförtke, die großen alten Herren Hoppegartens oder die Ex-Hoppegartener Hein Bollow,

Micky Starosta oder Walter Krbalek. Sie haben einem großen Publikum alles gegeben und genießen den Lebensabend. Ihren Erzählungen kann man immer wieder mit Begeisterung zuhören. Manches aus ihrem Mund hat in dieses Buch Eingang gefunden.

Der Klub
der Eintausender
in Deutschland

**Jockeis in Deutschland mit mehr als 1000 Siegen
(Stand 31. Oktober 1992)**

Peter Alafi	2307
Otto Schmidt	2218
Peter Remmert	1835
Fritz Drechsler	1523
Lutz Mäder	1438*
Egon Czaplewski	1398
Joan Pall	1396
Johannes Starosta	1320
Georg Bocskai	1203*
Andrzej Tylicki	1168*
Julius Rastenberger	1148
Erwin Schindler	1107*
Oskar Langner	1107
Hans Zehmisch	1102
Horst Horwart	1090*
Manfred Hofer	1082*
Alexander Mirus	1071
Hein Bollow	1033
Kurt Narr	1012

* noch aktiv

Hoppegartener Jockeis

(Stand Ende 1992)

	Niedrigstes Renngewicht	Zahl der Siege
Lutz Pyritz	54 kg	607
Alfred Lehmann	55 kg	483
Christian Zschache	58 kg	476
Rainer Kalmus	50 kg	280
Joachim Etzdorf	57 kg	235
Gunter Richter	48 kg	158
René Fritzenwanker	58 kg	152
Erich Glasow	63 kg	127
Holger Krüger	56 kg	82
Marc Leipold	51 kg	63
Francisco Lopes	50 kg	28 (nur in Deutschland)

Chronik

1829	Erstes offizielles Pferderennen in Berlin (Lichterfelde, 17. 6.)
1830–1867	Pferderennen in Tempelhof
1850	Kauf des Landgutes Dahlwitz durch Heinrich von Treskow
1867	Proberenntag in Hoppegarten (9. 10.) Gründung des Union-Klubs (15. 12.)
1868	Bau des Logierhauses Hoppegarten
1868	Erster Renntag in Hoppegarten (17. 5.)
1872	Einführung des Totalisators in Hoppegarten
1874	Erwerb Hoppegartens durch den Union-Klub (13. 12.)
1886–1888	Bau massiver Tribünen
1898	Schaffung der Neuenhagener Trainierbahn
1905–1909	Große Siege der Festa-Kinder (Rennstall v. Weinberg)
1912	Einführung der neuen Rennordnung
1918–1922	Ausfall der Hoppegartener Galopprennen (verlegt nach Berlin-Grunewald); Neubau der Hoppegartener Tribünen
1933	Trennung der staatlichen Obersten Rennbehörde vom gemeinnützigen Union-Klub
1934	Erweiterung der Haupttribüne
1935	Deutscher Derbysieger Sturmvogel

	schlägt den französischen Spitzenhengst Admiral Drake beim Großen Preis, Rekordbesuch von 45 000 Zuschauern
1936	Europas Spitzenstute Corrida (Frankreich) siegt beim Großen Preis
1940	Die Stute Schwarzgold schlägt im Großen Preis Deutschlands Elite mit dem Richterspruch „verhalten Weile"
1942–1944	Ticino gewinnt dreimal den Großen Preis der Reichshauptstadt
1943–1944	Austragung des Deutschen Derbys in Hoppegarten
1946	Wiedereröffnung der Rennbahn (14. 7.)
1947–1949	Großer Preis der Sowjetischen Besatzungszone
1947	Enteignung des Union-Klubs im Zuge der Bodenreform
1947–1951	Provinzialverwaltung der Rennbahn
1950–1990	Großer Preis der DDR
1952–1973	Bildung des VEB Rennbetrieb Hoppegarten
1952–1961	Westberliner Bürger dürfen nur unter scharfer Kontrolle an Renntagen nach Hoppegarten
1954	Erstes Internationales Meeting der Vollblutpferde Sozialistischer Länder in Hoppegarten
1961–1989	Westberliner Bürger können nur in Ausnahmefällen Hoppegarten besuchen (13. 8. 1961 Bau der Berliner Mauer)
1974–1990	Bildung des VEB Vollblutrennbahnen mit Sitz in Hoppegarten
1972	Auflösung der letzten privaten Renn-

	ställe mit Ausnahme weniger kleiner Amateurställe
1980	Fertigstellung des Kompaktstalles für 240 Boxen
1989	Letztes Internationales Meeting der Vollblutpferde sozialistischer Länder in Hoppegarten
1990	Deutsch-deutscher Renntag (31. 3.)
1990	Gründung des Rennvereins Hoppegarten e. V.
1991	Erstes großes internationales Rennen um den Mercedes-Benz-Preis (1600 Meter); Sieger Flying Brave aus England
1991	Erster Superrenntag mit dem Prix Zino Davidoff – Preis der Deutschen Einheit (2000 Meter); Sieger George Augustus aus Irland
1992	Der DeTeWe-Große Preis von Berlin kehrt nach Hoppegarten zurück (1300 Meter); Sieger Mr. Brooks aus England mit dem Jockei Lester Piggott
1992	Internationales Rennen BMW – Europachampionat der Dreijährigen (2400 Meter); Sieger Platini (Deutschland)

Der Autor

Horst Seyfarth Jahrgang 1931, ist langjähriger Turfjournalist; ein Kenner der Geschichte des Galopprennsports und ein Mann mit Stallgeruch: Von Kindesbeinen an ist er in Hoppegarten zu Hause.